インタビューで
リスニングに
挑戦!

生録中国語
（なまろく）

CCアカデミー・大羽りん・趙青 編著

白水社

♪付属音声は無料でダウンロードできます。

以下のURLまたは右のQRコードよりアクセスしてください。

https://www.hakusuisha.co.jp/news/namaroku/

ユーザー名：namaroku

パスワード：8945

装丁デザイン　　株式会社エディポック＋株式会社ELENA Lab.

本文レイアウト　　株式会社エディポック

はじめに

　中国語は、よく発音が難しいと言われます。それと同じくらい難しいとされているのが、中国語のリスニングです。その理由として挙げられるのは、中国は広く、各地方によって話し方、声調、発音が大きく異なること。そして出身地や職業によって使用される表現が異なること。そのため教科書の音声に慣れている学習者は実際のコミュニケーションの場で、習ったはずの中国語が全然聞きとれない、ということになりかねません。そこで、中級以上の学習者に向けて、より実用的なリスニングの教材を作成しました。

　本書では、年齢、性別、職業、出身地の異なる12人の日本在住の中国語ネイティブにインタビューを行い、録音したものをリスニングの素材としています。原稿なしで話してもらっていますから、表現が不自然だったり、言い間違いがあったり、人によっては聞きとりにくい部分があったり、口癖も人によって違います。それも全部含めて、生の中国語をぜひ聴いてみてください。また、それぞれの方の歩んできた人生、どのような経緯で日本にやってきたのか、日本と中国の違いをどのように見ているのかなどを知り、さまざまな考え方や見方に触れてもらえたらと思います。それぞれの職業での苦労話ややりがいからは、日本と中国の今を感じられることでしょう。

　企画が持ち上がってから足掛け3年、いろいろな困難を乗り越えて、ようやく上梓する運びとなりました。われわれのインタビューに応じ、心の声を聞かせてくださった皆さんに心から感謝いたします。

2022年6月

CCアカデミー　大羽りん・趙青

📖 本書の使い方

① まずは力試しとして、「ウォーミングアップ」を聴いて穴埋めをしてください。すべてインタビューからの抜粋で、穴埋め部分は、おもに中国語検定3級レベルの基本的な語句・表現となっています。

② 次にインタビュー全文を聴き、「内容確認」の○×問題にチャレンジしてください。内容を把握できているかどうか確認できます。

③ 続いてインタビュー全文を、スクリプトを見ながらもう一度聴き、完全理解を目指します。知らない単語や表現があればピックアップし、必要に応じて覚えましょう。

④ 「表現のポイント」には、インタビューの中から注意すべき表現を取り上げ、それぞれ用例を挙げました。意味だけでなく、ほかの用例も確認しておきましょう。

＊ スピードが速いと感じる場合は、再生速度を0.8倍にするなど工夫してみてください。慣れてきたら通常の速度で再生し、内容がすっと頭に入ってくるまで何度も繰り返します。さらに1.2倍速、1.5倍速とスピードを上げて練習すると、徐々に早口の中国語にも対応できるようになるでしょう。（再生機器によっては速度の調整ができません。ご使用の機器の説明書などをご確認ください。）

（ご使用にあたって）
- インタビュー対象者は、みな実際に日本で暮らす中国語ネイティブです。プライバシー保護のため、一部を除き仮名としました。年齢はインタビュー当時のものです。
- 各インタビューの聞き手は編著者が務めました。采访03・采访09は大羽、それ以外は趙がおもな聞き手となっています。大羽は上海出身、趙は南京出身ですが、それぞれの略歴は巻末をご参照ください。
- 各インタビューには必要最低限の編集を加えておりますが、基本的には発言をそのまま残しました。言い間違いや言いよどみ、発音の癖なども含め、ネイティブのリアルな中国語を聴くのが本書の目的の一つです。
- インタビュー全文のページでは、基本的に発言をすべて文字に起こしました。ただし、話し手と聞き手の発言が重なる箇所や、相づち、言葉にならない曖昧な音などについては、読みやすさを考慮して省いている場合があります。
- インタビュー中の（ ）は、発言には含まれているものの、本来は必要のない語句です。ただし、文中に頻繁に挿入される"这个"や"呢"などはそのままにしてあります。
- 各インタビューの中国語は生きた会話であり、当然ながら、「正しい」表現ばかりではありません。文章をそのまま覚えたり、音声を真似して音読したりするための教材ではありませんので、あくまでリスニングの素材としてご利用ください。

目　次

DATA

・林若溪 Lín Ruòxī
出身：遼寧省・大連市
年齢：30代
職業：中国料理店勤務

飲食店で働き、毎日たくさんのお客さんと接している
林さん。お店の昼休みを使ってインタビューに答えてく
れました。

🔊 ウォーミングアップ　　　　　　　　　　　⬇ DL 02

音声を聴いて空欄を埋めましょう。

1）他顾客其实是给我开【①　　　　　】的老板，那我要是不好好
【②　　　　　】他，是不是也不行。

2）我们群里再做些【①　　　　　】啦，或者是【②　　　　　】
过节大家互动一下啦。

3）他也划算，他就会【①　　　　　】是把这个好的消息
【②　　　　　】给朋友。

4）日本人就是先【①　　　　　】两个菜，喝着小酒
【②　　　　　】。

5）中国人直接进来了。我还没【①　　　　　】坐哪儿自己坐哪儿，
【②　　　　　】坐。

☑ 内容確認

インタビュー全文はp.11にありますが、できるだけ見ないで答えてください。

▸ インタビューpart 1を聴き、次の文が内容に合っていれば○、そうでなければ×を選びましょう。 ⬇ DL 03

		○	×
1）	林さんが働く店のオーナーは長年変わらない。	○	×
2）	林さんは昼休みに家に帰って休憩する。	○	×
3）	林さん時々客とおしゃべりをして意気投合する。	○	×
4）	店は日本人の客に対して積極的にSNSを使って宣伝している。	○	×

▸ インタビューpart 2を聴き、次の文が内容に合っていれば○、そうでなければ×を選びましょう。 ⬇ DL 04

		○	×
5）	林さんは客が中国人か日本人か見分けがつかない。	○	×
6）	中国人と日本人では注文の仕方が異なることが多い。	○	×

Point　林さんはごく自然なしゃべり方で、口語っぽいところも多いです。訛りは少ないですが、"做"や"是"などで巻舌音 zhi(zh, ch, sh)と舌歯音(z, c, s)の区別が不明瞭になることがあります。これは標準語以外に共通する特徴の一つです。

また、在日年数が長い中国人に多く見られる傾向として、中国語に日本語を交えることがあります。林さんは語尾に"对吧"や"是不是"などを多く用いて、相手に共感を求める柔らかい表現をしていることもわかります。

① 或者／还是

"还是"は「～かそれとも…か？」を意味し、疑問文に用います。"或者"は「あるいは、または」の意味で肯定文に用いられます。混同しないよう注意しましょう。

就坐在那个桌子边上或者躺在沙发上躺一下。

Jiù zuòzài nàge zhuōzi biān shang huòzhě tǎngzài shāfā shang tǎng yíxià.

あそこのテーブルのところに座ったり、ソファで横になったりします。

你是想在桌子边上休息，还是想在沙发上躺一下?

Nǐ shì xiǎng zài zhuōzi biān shang xiūxi, háishi xiǎng zài shāfā shang tǎng yíxià ?

テーブルのところで休みたいですか？　それともソファで横になりたいですか？

客人点菜点得少，是因为他们比较节约或者是他们想吃完了再点。

Kèren diǎn cài diǎnde shǎo, shì yīnwèi tāmen bǐjiào jiéyuē huòzhě shì tāmen xiǎng chīwánle zài diǎn.

お客さんが注文する料理が少ないのは、無駄にしないためか、あるいは食べ終わってから注文したいからです。

他好像是比较节约还是说吃完了再点。

Tā hǎoxiàng shì bǐjiào jiéyuē háishi shuō chīwánle zài diǎn.

彼は節約したいのか、それか食べ終わってから追加で注文したいのか一品ずつ注文するのです。

※一見、疑問文のように見えませんが、可能性を考えながら話すという口語ならではの表現です。"还是说"は"还是"の口語的な言い方です。

---

② (不)管 A 不 A

「Aであろうとなかろうと」という意味。"管"(～にかかわらず)は口語で使われ、"不管"と同じように"都、也、就"などと呼応します。

不管开不开心嘛，反正对客人都要笑脸相迎。

Bùguǎn kāi bu kāixīn ma, fǎnzheng duì kèren dōu yào xiàoliǎn xiāngyíng.

楽しくても楽しくなくても、お客さんに対しては笑顔でなければいけません。

管它吃不吃完，先点一桌子。

Guǎn tā chī bù chīwán, xiān diǎn yì zhuōzi.

食べ切れるかどうかはかまわずに、とりあえずテーブル一杯になるぐらい注文する。

我妈特别喜欢给我买衣服，<u>也</u><u>不管我喜不喜欢</u>。

Wǒ mā tèbié xǐhuan gěi wǒ mǎi yīfu, yě bùguǎn wǒ xǐ bu xǐhuan.

母は私に服を買うのが好きです。私が気に入るかどうかはお構いなしに。

<u>不管你信不信</u>，我说的是事实。

Bùguǎn nǐ xìn bu xìn, wǒ shuō de shì shìshí.

あなたが信じるどうかにかかわらず、私が言っていることは事実です。

---

③ 吃十次赠送一次

「10回食べたら、1回プレゼント」という意味です。販促キャンペーンやポイントカードでは、このような表現をよく使います。

宣传呢，就是我们<u>吃十次赠送一次</u>，盖印儿，<u>吃一次盖次印儿</u>。

Xuānchuán ne, jiù shì wǒmen chī shí cì zèngsòng yí cì, gài yìnr, chī yí cì gài cì yìnr.

宣伝については「10回食べたら1回プレゼント」というキャンペーンを行い、1回食べたらスタンプを1つ押します。

这家快餐店咖啡免费续杯，那家面包房面包<u>买二送一</u>，你说我们去哪家好？

Zhè jiā kuàicāndiàn kāfēi miǎnfèi xù bēi, nà jiā miànbāofáng miànbāo mǎi èr sòng yī, nǐ shuō wǒmen qù nǎ jiā hǎo?

このファストフード店はコーヒーがおかわり自由です。あのパン屋さんは2つ買うとおまけにもう1つもらえます。どちらに行きましょうか？

李大爷发现自己买的酒是假酒，他立刻要求卖家"<u>退一赔三</u>"。

Lǐ dàyé fāxiàn zìjǐ mǎi de jiǔ shì jiǎjiǔ, tā lìkè yāoqiú màijiā "tuì yī péi sān".

李さんは自分が買った酒が偽物だとわかり、すぐに売り手側に、1本の返品につき3本分の額を賠償するよう求めた。

---

④ 一A就／就是B

「ひとたびAするとBになる」という意味。口語では"就／就是"が省略されることもあります。AとBに同じ動詞を使うことも多いです。

中国人<u>一点</u>（<u>就点</u>）一大桌子。

Zhōngguórén yì diǎn (jiù diǎn) yí dà zhuōzi.

中国人は注文すると最初からテーブルいっぱいになるまで注文する。

山茶花一开(就开)一大片。

Shāncháhuā yì kāi (jiù kāi) yí dàpiàn.

ツバキはひとたび咲き出すと一面に広がる。

这个孩子很聪明，一教就会。

Zhège háizi hěn cōngmíng, yì jiāo jiù huì.

この子はとても賢くて、ちょっと教えるとすぐにできるようになる。

我和她好久没见面了，今天一聊就聊了三个小时。

Wǒ hé tā hǎojiǔ méi jiànmiàn le, jīntiān yì liáo jiù liáole sān ge xiǎoshí.

彼女と久しぶりに会ったので、今日はしゃべりだしたら3時間も経ってしまった。

——你好。

こんにちは。

你好～。

こんにちは。

——哎呀，我想问一下，你是哪里人啊？

お聞きしたいのですが、出身はどちらですか？

我是大连的。

私は大連出身です。

——大连人。那这家店我知道是西安刀削面，大连人你为什么会选这家店呢？

大連出身なんですね。この店は西安の刀削麺のお店ですが、なぜ大連出身なのにこの店を選んだんですか？

就是……最早的老板嘛，然后承包¹的这个店，后来他不做了，然后又承包给另一个老板。然后这个老板来看店面的时候呢，就说我还行吧，以前就是在这儿做，做得比较习惯嘛，然后就留用²我了。就一直这样，一直在这儿干着。

最初のオーナーがこの店を引き受け、辞める際に別のオーナーがお店を引き取ったのですが、その人が店を見にきた時に、私の評価がよかったし、ずっと前からここで働いていて慣れているので、そのまま継続して採用してもらいました。

——明白了。那你工作的时候，因为都是你一个人，你接触很多不同的客人，然后每天工作时间也很长，好像是从早上……

そうなんですね。仕事の時は1人でさまざまなお客さんに対応されています。それから就業時間も長く、たしか朝の……

十点。

10時。

---

¹ 承包：引き受ける　　² 留用：人を解雇せずにそのまま雇用する

——十点，要做到晚上……

10時から夜の……

十点。

10時。

——晚上十点？太长了！

夜の10時？　長いですね。

中午休息两个小时。

昼に2時間の休憩時間があります。

——那你休息的时候回家吗？

休憩時間に家に帰るんですか？

不要，就在这儿睡一下。

いや、ここで少しの間仮眠します。

——有睡的地方吗？

寝るところはあるんですか？

就坐在那个桌子上[3]或者躺在沙发上躺一下。

あそこのテーブルのところに座ったり、ソファで横になったりします。

——啊，小眯[4]一下。那，这么长的工作时间，又接触这么多人。那，工作时候你觉得有什么比较开心的事情，或者说让你觉得不是很开心的事情呢？

少し仮眠をとるということですか。長時間の仕事で多くの人と関わるんですね。では、仕事の際に何か楽しいことや楽しくないことなどはありますか？

不管开不开心嘛，反正[5]对客人都要笑脸相迎，不能说不开心你就服务不好，不能这样的。反正，就要服务人家，人家来花钱消费，他顾客其实是给我开工资[6]的老板，那我要是不好好服务他，是不是也不行[7]。

楽しくても楽しくなくても、お客さんに対しては笑顔でなければいけません。楽しくないからと言って悪い対応をしてはいけません。いずれにせよ、お客さんはお金を払って食べにきているので、サービスをしなければならないんです。お客さんは実際には給料をくれているオーナーでもありますので、しっかりサービスをしないと。

---

[3] 桌子上："桌子边上"的言い間違い　　[4] 小眯：仮眠する　　[5] 反正：どちらにせよ

[6] 开工资：給料を支払う　　[7] 是不是也不行："～也不行，是不是？"と同じニュアンス

开心的事呢，就是说，比如说，来了一些客人聊得很投缘[8]，讲一讲家长里短[9]啦，唠唠嗑[10]啦。反正开心的也有，不开心的也有吧。

うれしいことと言えば、たとえば来店したお客さんと意気投合して、あれこれと話せることです。どのみちうれしいこともあれば、そうではないこともあります。

——那你们店怎么去招揽[11]新的客人呢？有什么方法吗？

では、どのように顧客を開拓しているのですか。何か方法でもあるんですか？

就在网络上宣传啦、打广告，或者是我们有一个微信群[12]，一拖一[13]，一拖一个朋友，那个朋友再拖，一传十十传百[14]这样拖到群里，我们群里再做些广告啦，或者是过年过节大家互动一下啦。

ネット上で宣伝したり、広告を出したり。それと（お店には）WeChatのグループがあり、お客さんを招待して、1人がほかの1人を誘い、1から10、10から100というようにWeChatのグループに入ってもらい、そのグループの中で広告を出したり、交流したりしています。

——主要是通过微信群。

おもにWeChatのグループを通じてですかね。

微信群。

はい。

——中国人喜欢用的微信群。

中国人が大好きなWeChatグループですもんね。

对。

そうですね。

——那对日本人有什么好的这个宣传方式吗？

日本人に対しては、何かいい宣伝の方法はありますか？

---

[8]投缘：意気投合する　[9]家长里短：日常の細々したこと
[10]唠嗑／唠唠嗑 lǎoke：＝"聊天"〔東北方言〕　[11]招揽：客を招く　[12]微信群：WeChatのグループ
[13]一拖一：1人がもう1人を誘って、SNSのグループチャットに連れ込む。
[14]一传十十传百：「一人が十人に伝え、十人が百人に伝える」という意味。情報が口コミなどで伝播して行く様を表現する。

13

宣传呢，就是我们吃十次赠送一次③，盖印儿，吃一次盖次印儿。然后呢，客人说："哎呀，吃一次要是，吃一次盖一次"，要是集满的话十个印可以换一碗面或者换一个定食，那客人觉得挺划算¹⁵的，其实这一碗面就不止¹⁶850块，就是750块，这样子，他也划算，他就会应该是把这个好的消息分享给朋友，朋友也许就会来。这也算促销？（笑）

——明白了。也是一个好办法。就是用积分卡¹⁷那种形式，对吧？

对。只有中午「ランチ」的时候。

宣伝は、「10回食べたら1回プレゼント」キャンペーンを行い、1回食べたらスタンプが1つもらえます。お客さんも「1回の食事につきスタンプが1つもらえる」、つまり10個集めたら刀削麺1杯か定食1回分と引き換えができるので、お得に感じられます。刀削麺1杯で定価の850円にならず、750円ぐらいなので、お客さんはお得だと思うのです。そして彼らがこの情報を友だちにシェアしてくれるはずなので、その友だちも来てくれるかもしれません。これも一種のプロモーションですかね(笑)

なるほど、たしかにいい方法ですね。ポイントカードみたいな感じですよね？

そうです。ランチに限ってですけど。

¹⁵划算：割に合う　¹⁶不止："不是"の言い間違いかと思われる
¹⁷积分卡：ポイントカード

——你……比如说在工作中也好，或者在工作之外也好，有没有感觉到这中国人跟日本人有什么区别？

仕事中でも仕事以外でも、何か日本人と中国人の違いを感じることはありますか？

就是文化差异什么的？嗯……

文化的違いとかですかね……

——他们点菜的方式是不是不一样？

彼らの注文の仕方は違うのでは？

啊，点菜方式不一样，一个一个点。他好像是比较节约还是说吃完了再点，他们是这样。中国人一点，一点④一大桌子，真的是这样的。

たしかに注文の仕方は違いますね、日本人は無駄にしないためか食べ終わってから追加で注文したいのか、一品ずつ注文します。中国人は最初からテーブルいっぱいになるまで注文するんです。本当に全然違います。

——能吃完吗，他们？

食べ切れるんですか？

管它吃不吃完，先点一桌子。

食べ切れるかなんて考えずに、とりあえずテーブルが料理でいっぱいになるよう注文するんです。

——很典型的，很典型的。

典型的ですね。

日本人就是先吃两个菜，喝着小酒聊聊天儿，先这样。然后吃完了再点，不够[18]。中国人是说我点一桌子，我可以每一样都尝到，嗯……各有各的好嘛，是不是？

日本人は先に何品か食べて、少しお酒を飲みながらおしゃべりして、食べ終わって足りなかったらまた注文する。中国人が言うには、テーブルいっぱいになるほど頼むことでたくさんの料理を味わえるから、それぞれいい点があるのではないでしょうか？

---

[18]不够：うしろに"再点"が省略されている

15

——对对对。

そうですね。

日本人不浪费，中国人有点浪费（笑）

日本人は食べ物を無駄にしませんが、中国人は違いますね(笑)

——以前说中国人就是他不是全部都吃光，剩下一点。现在也是有这种习惯吗？

昔の中国人は全部を食べずに少し残す習慣がありましたが、今もそうなんですか？

有。有的人会打包，有的人就不要打包了。

そうです。持ち帰る人もいれば、そうしない人もいます。

——剩下的就剩下？

残したままにするんですか？

剩下的就剩了。有的人看一点点，"哎呀，不要了不要了"，就这样走了。打包，他应该接下来又逛街的话，提着他也嫌¹⁹麻烦。

そうです。少ししか残ってないのを見て「いいや、いらない」と帰ってしまう人がいます。その後も街をブラブラしたい場合は、テイクアウトの料理を下げて歩くのは面倒なんです。

——那客人进店的时候，因为你们店又有中国人又有日本人，客人进店的时候你能不能就一下能看出，噢，这是中国人，这是日本人呢？

店には中国のお客さんも日本のお客さんもいると思いますが、彼らが店に入る時、見分けがつきますか？　あ、中国人だとか日本人だとか。

大概能看出来。看脸哪。

だいたい顔を見てわかります。

——看脸？

顔を見てわかるんですか？

嗯，有特征吧，气质也有一方面。行为，有的日本人在门口，就是，像中国人直接就进来了。日本人会在门口这样看一看啊，或者是点一下头那样的。也是一种礼貌吧，是不是？中国人直接进来了。我还没告诉坐哪儿自己坐哪儿，随便坐（笑）。日本人喜欢我等着他安排[20]，他也是一种尊重我吧，对吧。要是一个人坐着一个大桌子的话，那他也会为别人考虑："哎呀，接下来的人坐哪里？"。要是不忙的话怎样都好说，对吧？要是忙的话，他也会为这个店考虑，日本人想得确实是挺仔细、挺周到的。

はい、特徴があります。雰囲気でもわかります。仕草で言えば、日本人は入り口で……中国人はそのまま躊躇なく入ってきますが、日本人は入口で様子をうかがったり、軽く会釈したりするんです。これは一種の礼儀ですよね？　中国人は直接店に入り、どこに座ってくださいって私が案内する前に、勝手に席を探して座ります（笑）。日本人は私が席を案内するのを待ちます。私への心遣いでもありますよね。「一人で広い席に座ったら、これから入るお客さんはどこに座るんだ」と他人のことを考えてくれるんです。忙しくなければどうでもいいのですが、忙しい時は店のことも考えてくれるので、日本人は本当に気遣いが細やかでいいですね。

---

[20] 日本人喜欢……："日本人喜欢等着我安排"または"日本人喜欢我为他安排座位"などの言い間違いと思われる。

陳涵 さん

DATA

- 陈涵 Chén Hán
  出身：福建省・福州市
  年齢：10代
  職業：高校生

　来日して1年半の陳さんは、現在日本語を勉強中。福建のなまりは少なく、インタビューからは若者らしい初々しさが感じられます。

🔊 ウォーミングアップ　　　　　　　　　　　　　　　　⬇ **DL 05**

音声を聴いて空欄を埋めましょう。

1）现在日语的【① 　　　 】还不是很好，但是从来了以后，
　　就一直有在【② 　　　 】日语。

2）因为我的妈妈还有我的姐姐都在日本生活了【① 　　　 】，
　　所以我来的时候也没有特别【② 　　　 】。

3）我觉得最大的【① 　　　 】就是，中国的学校相比日本的
　　学校来说，学业会【② 　　　 】的繁重。

4）我觉得日本的【① 　　　 】跟英语比中国的是要
　　【② 　　　 】的。

5）来日本进入高中以后，也可以开始自己【① 　　　 】、自己
　　【② 　　　 】。

☑ 内容確認

インタビュー全文はp.22にありますが、できるだけ見ないで答えてください。

▸ インタビューpart 1を聴き、次の文が内容に合っていれば〇、
そうでなければ×を選びましょう。　　　　　　　　　　⬇ DL 06

１）陳さんにはお兄さんがいる。	〇	×
２）陳さんは来日することに迷いはなかった。	〇	×
３）陳さんは中国の高校のほうが友人との交流が密だと考えている。	〇	×
４）陳さんはバレーボールが趣味だ。	〇	×

▸ インタビューpart 2を聴き、次の文が内容に合っていれば〇、
そうでなければ×を選びましょう。　　　　　　　　　　⬇ DL 07

| ５）陳さんはアルバイトの経験に満足している。 | 〇 | × |
| ６）陳さんのふるさとにも日本のコンビニがある。 | 〇 | × |

Point　　福建では閩南語と呼ばれる方言の影響が強いですが、陳さんにはあまり訛りがありません。それでも -n/-ng の混同（刚 gāng → gān）があったり、巻舌音と舌歯音の混同（sh/s）を言い直したりする場面もありました。

　福建の発音の特徴として、f/h の混同（たとえば福建 Fújiàn → Hújiàn）も有名ですが、本書でインタビューに答えてくださった陳さんと張さん（p.76）からは聞きとれませんでした。当然のことですが、同じ地域であっても、訛りの程度や内容は人によって違いがあります。

　また、福建のみならず南方地域では、よく動詞の前に助動詞として "有" が用いられます。この "有" は事実や出来事の有無を確認するものですが、省いても意味は変わりません。

① 相比 / 相对 ~ 来说

"相比"は「~に比べて」、"相对"は「~に対して」という意味ですが、比較や対比の表現としてよく使われます。

中国的学校相比日本的学校来说，学业会更加的繁重。

Zhōngguó de xuéxiào xiāngbǐ Rìběn de xuéxiào lái shuō, xuéyè huì gèngjiā de fánzhòng.

中国の学校は日本に比べると、学業の負担が重い。

相比去年来说，今年的发展速度有所下降。

Xiāngbǐ qùnián lái shuō, jīnnián de fāzhǎn sùdù yǒu suǒ xiàjiàng.

昨年と比べると、今年の発展スピードは多少鈍化するでしょう。

相对中国学校来说，日本学校跟同学之间的交流少了。

Xiāngduì Zhōngguó xuéxiào lái shuō, Rìběn xuéxiào gēn tóngxué zhī jiān de jiāoliú shǎo le.

中国の学校と比べると日本の学校はクラスメートとの交流が少ない。

相对英语来说，日语的发音比较好学。

Xiāngduì Yīngyǔ lái shuō, Rìyǔ de fāyīn bǐjiào hǎoxué.

英語に比べて、日本語の発音はマスターしやすい。

---

② 就 ~ 而言

「~について言えば」を意味します。

就我自己而言，我觉得日本的数学跟英语比中国的是要简单的。

Jiù wǒ zìjǐ ér yán, wǒ juéde Rìběn de shùxué gēn Yīngyǔ bǐ Zhōngguó de shì yào jiǎndān de.

私自身について言えば、日本の数学と英語は中国に比べると簡単です。

就整体而言，这个方案很不错！但是就细节而言，我觉得需要改进。

Jiù zhěngtǐ ér yán, zhège fāng'àn hěn búcuò! Dànshì jiù xìjié ér yán, wǒ juéde xūyào gǎijìn.

全体的に言って、その案はなかなかよい。ただ細部について言うなら改善が必要だ。

就面积和人口而言，这个国家都是一个小国。

Jiù miànjī hé rénkǒu ér yán, zhège guójiā dōu shì yí ge xiǎoguó.

面積と人口に関して言えば、この国は小さな国です。

- -

③给我最大的感觉就是～

「私が一番強く感じることは～」という意味です。

给我最大的感觉就是日本的便利店服务会更好一点。

Gěi wǒ zuì dà de gǎnjué jiù shì Rìběn de biànlìdiàn fúwù huì gèng hǎo yìdiǎn.

一番感じることは、日本のコンビニはサービスが少しよい。

出国旅游给我最大的感觉就是，世界太大了，有机会一定要出去走走。

Chūguó lǚyóu gěi wǒ zuì dà de gǎnjué jiù shì, shìjiè tài dà le, yǒu jīhuì yídìng yào chūqu zǒuzou.

海外へ旅行して一番感じたのは、世界は大きすぎる。機会があったら必ず出て行って見て回る必要があると言うことです。

- -

④毕竟

「しょせん」「さすがに」という意味で、結論を示したり、理由を強調したりします。

毕竟，在中国那样子的小县城，我觉得发展的前景可能没有日本这么好。

Bìjìng, zài Zhōngguó nàyàngzi de xiǎo xiànchéng, wǒ juéde fāzhǎn de qiánjǐng kěnéng méiyǒu Rìběn zhème hǎo.

しょせん中国のあのような小さな街では、今後の発展の見込みは日本ほどよくない。

他毕竟还是个孩子，你何必如此责怪他？

Tā bìjìng háishi ge háizi, nǐ hébì rúcǐ zéguài tā？

彼はしょせんまだ子どもなんだから、そんなに責め立てる必要はない。

毕竟年纪大了，我经常听不懂年轻人现在说的新词。

Bìjìng niánjì dà le, wǒ jīngcháng tīngbudǒng niánqīngrén xiànzài shuō de xīncí.

さすがに歳をとったので、若者の話す新しい言葉を聞いてわからないことがよくある。

——你好，谢谢你今天来接受我们的采访。我们还是第一次采访高中生，能不能请你先做个自我介绍呢？

こんにちは、インタビューをお受けいただき、ありがとうございます。高校生にインタビューするのは初めてです。まず自己紹介をしていただけますか。

好的，我来自中国福建省福清市¹，嗯，现在是高二年²的学生。我大概是一年半前来的日本。

わかりました。私は中国福建省福清市出身で、現在は高校２年生です。私は約１年半前に日本へ来ました。

——也就是³刚刚才来日本。

つい最近ですね。

对，来的时间不长。

そうですね、そんなに長くはないです。

——那现在日语还在学吗？

今まだ日本語を学習していますか？

对，现在日语的程度还不是很好，但是从来了以后，就一直有⁴在学习日语。

はい、日本語はまだまだですが、来日して以来、ずっと勉強しています。

——那你来日本之前有没有学过日语呢？

日本に来る前に日本語を学んだことはありますか？

我来日本大概前两个礼拜⁵有报名学习过ひらがな和カタカナ。

日本に来る２週間前ぐらいに、（日本語講座に）申し込んでひらがなとカタカナを学びました。

¹福清市：福州市の中の県級市。行政区画としては「県」と同等。
²高二年：“高中二年级”が一部省略されている　³也就是：つまり
⁴有：動詞句の前に“有”が入るのは南方地域の特徴。下の“有报名学习过”も同じ。
⁵礼拜：＝“星期”〔口語〕

——也就是来日本之前的两个星期学的日语，基本上是零基础[6]。那，来日本的时候有没有过犹豫呢？

つまり日本に来る2週間前から日本語を勉強しただけで、ほぼ初心者だったんですね。日本に来る時に躊躇はなかったんですか？

因为我的妈妈还有我的姐姐都在日本生活了很久，所以我来的时候也没有特别犹豫。

私の母と姉は日本で長く生活しているので、特に躊躇はなかったです。

——就是想着能见到妈妈和姐姐。
那，你是在中国上的小学、初中，然后呢又到了日本来上高中，你觉得这个学习环境是不是变化特别大？

お母さんとお姉さんに会えることだけ考えていたんですね。
中国で小学校と中学校に通い、日本に来て高校に入ったということですね。学習環境が大いに変わったと感じましたか？

其实我在中国的时候已经上到了高中二年级，我觉得最大的不同就是，中国的学校相比日本的学校来说[①]，学业会更加的繁重。就我自己而言[②]，我觉得日本的数学跟英语比中国的是要简单的。但是相对中国学校来说[①]，日本学校跟同学之间的交流少了，没有那么多的朋友。因为日语不太好，日本朋友说得很多都不能完全理解他的意思，然后也不知道该如何回答他。

じつは中国ですでに高校2年まで通っていました。中国と日本の学校の最大の違いは、中国のほうが、学業の負担が重いことだと思います。ぼくにとって、日本の数学と英語は中国より簡単です。でも中国の学校と比べると、日本の学校はクラスメートとの交流が少なく、あまり友だちがいません。それは日本語があまり上手でないため、友だちの言うことを完全に理解できなくて、どう返していいかわからないからです。

——现在正好是在一个过渡[7]的阶段。那也就是说你现在最大的问题就是日语了。

今はまさに過渡期ですね。今の一番の問題は日本語ということですね。

---

[6] 零基础：「勉強経験がまったくない初心者」という意味。ほかにも"零感染""零暴力"など、"零～"はよく見られる表現。　[7] 过渡：(ある段階から他の段階に)移行する、移り変わる

嗯。

はい。

——那，除了学习以外，平时会有一些什么活动吗？或者说你自己有什么兴趣爱好？

勉強以外に、ふだん何かしたりするんですか？　あるいは趣味などはありますか？

我的兴趣是打篮球。刚来日本的时候，有在到处找可以用的篮球场，现在熟悉了环境以后，有空的话也都会跟朋友约了去打篮球。

趣味はバスケットボールです。日本に来たばかりの頃は、あっちこっちバスケットボールコートを探しました。今は環境にも慣れ、時間があったら友だちとバスケをしにいきます。

——那，除了学习还有打篮球以外，那你平时还做些什么呢？

じゃあ勉強とバスケ以外に、ふだん何をしていますか？

我平时放学以后还有参加打工。一周的话是四天，然后在7−11 [8] 工作。

放課後にアルバイトをしています。１週間に４回セブンイレブンで働いています。

——在那个便利店，对吧？

あのコンビニですよね？

嗯。晚上五点到十点。

はい。夜の５時から10時までです。

——从傍晚开始五点到十点要打五个小时的工，累不累啊？

夕方の５時から10時までだと５時間もですか？　疲れませんか？

因为我打工的那家店附近更多的是公司、企业，所以晚上的客流量 [9] 相对来说会比较少，是比较轻松的。

ぼくが働いている店の周りは会社や企業が多いので、夜はお客さんも少なく、比較的楽なんです。

---

[8] 7−11：セブン‐イレブン。Qī-yāoyāo という呼び名が一般的だが、英語のまま seven-eleven と呼ぶ人も多い。　[9] 客流量：お客さんの数

——在中国现在也有很多便利店，那你觉得中国的和日本的便利店有没有不同呢？

今は中国にもコンビニがたくさんありますが、日本のコンビニと何か違いはありますか？

因为在中国生活的城市算是一个小县城，所以没有看到像7-11、罗森[10]这样子的便利店。

ぼくは中国の小さい町に住んでいたため、セブンイレブンやローソンみたいなコンビニはありませんでした。

——哦，那有中国本土[11]的便利店吗？

中国系のコンビニはありますか？

有的。给我最大的感觉就是[3]日本的便利店服务会更好一点。我觉得跟中国的最大的区别就是日本人很注重礼貌，不管是从客人进门的"欢迎光临！"还是到客人结账以后的道谢[12]，都和中国有很大的区别。

あります。ぼくが一番感じるのは、日本のコンビニのほうがサービスがよいことですね。中国との一番の違いは、日本人が礼儀を重視することです。お客さんが来店する時の「いらっしゃいませ」も精算したあとの「ありがとうございました」も、どれも中国とは大いに違います。

——因为你第一次打工就是在日本，所以我想对你来说，肯定有很多还不太习惯的地方，或是甚至可能会不会有一些做错的地方，是不是？能举一两个例子吗？

初めてのアルバイトが日本ですから、不慣れなところ、あるいは間違えることもたくさんあると思いますが。例を挙げてもらえませんか？

---

[10] 罗森 Luósēn：ローソン
[11] 中国本土：ここでは「中国本土のローカライズされた、オリジナルの」の意味
[12] 道谢：礼を述べる

我记得在我刚开始打工三天左右，有一位客人进来结账，那时候还不是很会用收银台，结果那位客人账还没有结完人已经走掉了，但是我接待下一个客人的时候才发现结账页面还在。

——那后来怎么办的呀？

后来，后来我们店长人比较好，他说："就当是公司的"，那个叫什么？就是算公司的开……

——开支。

啊，对，算公司的开支帮我把那四百多块钱垫[13]了。

——幸好只有四百多块钱(笑)，也算是公司的一个员工培训费。
那你来日本以后，你觉得生活变化大吗？

我觉得来到日本以后，对我自己的生活改变还是挺大的。毕竟④，在中国那样子的小县城，我觉得发展的前景可能没有日本这么好。

たしかアルバイトを始めて3日めくらいに、あるお客さんが会計に来たんですが、ぼくはまだレジを使いこなせなくて、会計が済んでいないままお客さんが帰ってしまいました。次のお客さんの対応をしている時に、まだ精算の画面が残っていることに気づいたんです。

それでどうしたんですか？

店長が優しくて、「この店が払ったことする」って、あれ、なんて言うんでしたっけ？　えっと会社の、えっと……

支出？

あ、そうです。店の支出としてその400円ぐらいを払ってくれたのです。

400円だけでよかったですね(笑)。店員の研修費ということにでもなりますね。
では日本に来てから、生活に大きな変化はありました？

日本に来てから、ぼくの生活は大きく変わりました。しょせん中国の小さい町にいたので、日本にいたほうが将来性が見込めると感じました。

---

[13]垫　diàn：(お金を)立て替える

来日本进入高中以后，也可以开始自己打工、自己赚钱，可以完成基本的经济需求，我觉得这是非常好的。在中国的我们高中生的作息时间[14]是早上七点到晚上十点半。

日本で高校に入ってから、自分でアルバイトしてお金を稼いで、必要なお金を賄えるのはとてもよいと思います。中国の高校生は朝7時から夜10時半まで学校にいますからね。

——来日本以后给我感觉就是说，是不是觉得自己变得很自立？就自立了以后就会觉得有自信。

つまり、日本に来てから自立したと感じられたということですね。自立すると自信も持てると思います。

是是是，生活品质得到了提高。

そうなんです。生活の質が高まりました。

---

[14] 作息时间：仕事・勉強と休憩の時間。ここでは全寮制の勉強時間を指していると思われる。

采访 03 ▶ 劉隆年 さん

DATA

- 刘隆年　Liú Lóngnián
  出身：上海市
  年齢：60代
  職業：デザイン会社経営

書籍のデザイン、イラスト、DTPを行う会社を経営している劉さん。若い頃からアートに興味をもち、画家としても活躍しています。

🔊 ウォーミングアップ　　　　　　　　　　⬇ DL 08

音声を聴いて空欄を埋めましょう。

1) 都是往外去【①　　　　　】一下【②　　　　　】的一些生活啊，生活方式什么的。

2) 和出版还是有很大的【①　　　　　】，我们的客户大多数都是【②　　　　　】的比较多。

3) 基本上就是，可能会【①　　　　　】一点，但是还是比较【②　　　　　】喜欢的工作吧，应该说。

4) 就是不太能够【①　　　　　】地了解日本职工的那些【②　　　　　】的深处的东西。

5) 退休的话，也没有【①　　　　　】，自己在做的话，反正能够动就，就【②　　　　　】继续做下去吧。

☑ 内容確認

インタビュー全文はp.33にありますが、できるだけ見ないで答えてください。

▶ **インタビューpart 1を聴き、次の文が内容に合っていれば○、 そうでなければ×を選びましょう。**　　（⬇ DL 09）

１）劉さんは日本に来てから日本語を勉強しはじめた。	○	×
２）劉さんは好きな女性を追いかけて日本に来た。	○	×
３）劉さんは会社を設立して自分の絵を売っている。	○	×
４）劉さんの会社の顧客はほとんどが日本人である。	○	×

▶ **インタビューpart 2を聴き、次の文が内容に合っていれば○、 そうでなければ×を選びましょう。**　　（⬇ DL 10）

５）劉さんの会社では日本人も中国人も働いている。	○	×
６）劉さんは日本人と中国人の特性に合わせて仕事を割り振っている。	○	×

Point　　現在の上海では、劉さんのようにきれいな標準語を話す人が多いですが、あえて言うと、上海人の発音には以下のような特徴があります。

①巻舌音・舌歯音の区別が少ない。

　劉さんの例では、"是""潮（流）""挿（図）""中（国）"など。

②-n/-ngの区別や母音、有気音・無気音の区別はやや不明瞭。

　劉さんの例："（出）生"sheng→shen　"都"dou→du　"比"bi→piなど

③訛りではないが、しゃべるスピードが速い人が多いらしい。

①"是…的" 構文

すでに起こったことについて、その時間や場所、方法などを述べる時によく
使います。

您是什么时候来日本的?
Nín shì shénme shíhou lái Rìběn de ?
いつ頃日本にいらっしゃったのですか?

我是在大学学的中文。
Wǒ shì zài dàxué xué de Zhōngwén.
私は大学で中国語を学んだのです。

我是自学的。
Wǒ shì zìxué de.
私は独学で学んだのです。

这条消息我是在网上看到的。
Zhè tiáo xiāoxi wǒ shì zài wǎng shang kàndào de.
この情報はネットニュースで知ったのです。

---

②反正

「どうせ」「いずれにせよ」という意味で、主語の前に置かれることが多いです。

去不去由你，反正我不去。
Qù bu qù yóu nǐ, fǎnzheng wǒ bú qù.
あなたが行くかどうかはあなた次第。どちらにせよ私は行かない。

不管别人怎么说，反正我相信他的话。
Bùguǎn biérén zěnme shuō, fǎnzheng wǒ xiāngxìn tā de huà.
ほかの人がどう言うかにかかわらず、いずれにせよ私は彼の話を信じる。

---

③ A是A

「AはAだ」と同一性を強調する表現です。"是"の前に"就""毕竟"などの副詞を置くことも多いです。

工作和专业比较对口，当时学是学设计的。
Gōngzuò hé zhuānyè bǐjiào duìkǒu, dāngshí xué shì xué shèjì de.
仕事は専攻とマッチしています。当時の専攻は（ちょうど）デザインでした。

事实就是事实，你否认也没用。
Shìshí jiù shì shìshí, nǐ fǒurèn yě méiyòng.
事実は事実なので、否認しても仕方がない。

孩子毕竟是孩子，不能按照大人的想法去要求他。
Háizi bìjìng shì háizi, bù néng ànzhào dàrén de xiǎngfǎ qù yāoqiú tā.
子どもは結局子どもなんだから、大人の考え方で彼に要求することはできない。

※"可是""但是"など逆接の語を伴う場合は、「AはAであるけれども」という譲歩の意味を表します。
这衣服贵是贵，但很耐穿。
Zhè yīfu guì shì guì, dàn hěn nàichuān.
この服は値段が高いことは高いが、長持ちします。
我学是学日语的，但说得很糟糕。
Wǒ xué shì xué Rìyǔ de, dàn shuōde hěn zāogāo.
私は日本語を学んだことには学んだが、話すのは非常に下手です。

④ 一旦

「ひとたび…しようものなら〜」という意味で、よく"一旦…就〜"の形で使われます。

一旦他有意见的话，他会跟你说。
Yídàn tā yǒu yìjian dehuà, tā huì gēn nǐ shuō.
彼に何か意見があるなら、あなたに話すでしょう。

两国之间一旦发生战争，就会出现很多难民。
Liǎng guó zhī jiān yídàn fāshēng zhànzhēng, jiù huì chūxiàn hěn duō nànmín.
両国の間で一旦戦争が発生すると、多くの難民が現れるでしょう。

他这个人很有毅力，一旦决定了，就不会轻易放弃。

Tā zhège rén hěn yǒu yìlì, yídàn juédìng le, jiù bú huì qīngyì fàngqì.

彼という人はとても意志が強く、一旦決定したら、決して軽々しく諦めたりしない。

---

⑤ 基本上

よく一つの副詞のように、「主に、主として、一応、だいたい」という意味で使われます。

基本上就是根据个人能力。

Jīběn shang jiù shì gēnjù gèrén nénglì.

主としてそれぞれの能力によります。

我基本上每天都会去公园跑步。

Wǒ jīběn shang měitiān dōu huì qù gōngyuán pǎobù.

ほぼ毎日公園でジョギングする。

※否定文に使うと、「ほとんど、ほぼ（〜ない）」の意味となります。

基本上是没有空的。Jīběn shang shì méiyǒu kòng de.
ほとんど暇がない。

基本上没有中国客户。Jīběn shang méiyǒu Zhōngguó kèhù.
ほとんど中国のお客がいない。

英语新闻我基本上没听懂。Yīngyǔ xīnwén wǒ jīběn shang méi tīngdǒng.
英語のニュースはほぼ聞きとれなかった。

——那么，首先想问一下您是什么时候来日本的①?

それでは、まずいつ頃日本に来たか伺ってもいいですか？

我是1988年1月来日本的。

1988年1月に日本に来ました。

——哦，已经很久以前了。

なるほど、もうずいぶん前ですね。

对，已经是三十多年了。

そうですね、30年以上になりました。

——三十多年了，是吗，您能给大家介绍一下您的故乡是哪里?

30年以上ですか。故郷はどこか教えていただけますか？

嗯，我是从上海来的，上海出生的。

はい、上海から来ました、上海生まれです。

——哦，是吗? 所以您有一定的上海的口音。

へえ、そうなんですね。それでちょっと上海訛りがあるんですね。

对，应该可能会有一点吧。

そうですね、多少あると思います。

——那您为什么选择来日本? 当时抱有什么样的理想呢?

では、なぜ日本を選んだのでしょうか？　当時どんな理想を思い描いていましたか？

也无所谓是¹有什么理想。当初也就是一个潮流吧，都是往外去体验一下国外的一些生活啊，生活方式

言うほどの理想もないですよ。当時はそんな時代の流れだったんですよ。みんな外国へ行って外国で生活してみたい、ライフスタイル

¹ 也无所谓是：～と言われるほどのものでもない

33

什么的。也是日本那时候是最容易来的那一段时间，所以我们就都来日本了，有这么一批人就是说，我也是其中之一。

などを経験してみたい。あの時は一番来やすいのが日本だったので、日本に来ました。大勢の中国人がみんな日本に来ましたが、私もそのうちの一人です。

——那您来日本以后吃了很多苦吗？

日本に来てから苦労したんじゃないですか？

嗯，吃苦反正^②也不是来日本就吃苦，做人²总是还是在吃苦的。

ええ、苦労というのは、どうせ日本に来ていなくても苦労しますよ。世の中を渡っていくにはやっぱり常に苦労します。

——那您是怎么学日语的？有什么，就是来之前也有一定的日语的基础吧？

では、どうやって日本語を勉強したんですか？　何か、たとえば来る前に一定の日本語の基礎はありましたか？

对，也不是很多，也就学了几个月的日语，然后来的时候应该还是不太会讲，但是在实践生活当中，可能就一点点的，就是，怎么说呢，也就开始会讲了。因为日语还是，不是很难学，应该说³。

はい、でもそこまで多くはなくて、数か月日本語を勉強しただけで、来た時はあまり話せなかったと思います。でも実際の生活の中で少しずつ、なんて言うんでしょう、話せるようになってきたんです。日本語はあまり難しくないと思いますよ。

——好。那请您介绍一下您现在做什么工作。

わかりました。では今、何の仕事をしているか教えていただけますか？

我现在是经营一个公司吧，美术设计公司。

今は会社を経営しています。デザイン会社です。

---

² 做人：世を渡る、身を処する　　³ 应该说：〜と言えるはず、〜と言ってもいい

——美术设计？

デザインですか？

对对对。主要就是一些平面设计[4]啊，还有一些就是插图[5]啊，还有就是一些书籍的排版[6]啊等等。

ええ、そうです。主にグラフィックデザインや、イラスト、書籍の組版などです。

——也就是说，就是跟出版有关系。

出版と関連があるということですね。

对，和出版还是有很大的关系，我们的客户大多数都是出版社的比较多。

はい、出版とはやはり大きな関連があります。私たちの顧客のほとんどが出版社です。

——从出版社那里接工作。

出版社から仕事を受けるんですね。

对对对。

はい、そうです。

——那您觉得您的工作的乐趣在哪里？

では、劉さんが思う仕事の醍醐味は何ですか？

工作的乐趣也谈不上[7]，就是和自己的原来学的专业还是比较对口[8]，所以就是觉得，嗯。学是学设计的。③

仕事の醍醐味と言うほどでもないですよ。自分がもともと専攻していたのと合致しているので、はい。デザインを勉強していました。

——学设计？

デザインですか？

对对对。

はい。

——那么，那么下面介绍一下您平时喜欢做些什么呢？

では次に、ふだんどんなことをするのが好きか教えていただけますか？

---

[4]平面设计：グラフィックデザイン　[5]插图：挿し絵、イラスト　[6]排版：組版
[7]也谈不上：～と言うほどでもない　[8]对口：マッチしている、当てはまっている

平时也就是设计方面的那些软件的使用法这些。还有一些就是自己原来就学的美术的方面，就是美术方面，也就是画画什么的搞得比较多一点吧。

ふだんはデザインでも使っているソフトの使い方のこととか。それから自分はもともと美術を勉強していたので、美術のほうとか、絵を描いたりすることが多いかな。

——听说您是一个画家。

劉さんは画家でもあると伺いましたが。

也就是在画画方面比较，还是有一些，花了些时间上去的就是说。

それも絵を描くことにけっこう時間をかけたりするというだけの話です。

——所以您的工作跟您的爱好应该是比较接近的。

だから劉さんの仕事と趣味は似ているということですね。

对对对，基本上就是，可能会辛苦一点，但是还是比较自己喜欢的工作吧，应该说。

そうですね、基本的にはそうです。少し大変なところもありますが、比較的自分が好きな仕事なんじゃないかと思います。

——您的客户是日本人？

顧客は日本人ですか？

我的客户都是日本人，基本上没有中国人的客户。

私の顧客はみんな日本人で、基本的に中国人の顧客はいません。

——那您的公司里面雇用的也是日本人吗？

では劉さんの会社で雇っているのも日本人ですか？

也有日本人，对。也有中国人也有日本人，对。

日本人もいます、はい。中国人もいるし、日本人もいます。

——那您作为一个老板，就是有中国人的员工也有日本人的员工，在您的眼里他们有什么不同点吗？

劉さんは社長をやっていらっしゃいますが、中国人の従業員も日本人の従業員もいるなかで、彼らに何か違いはあると思いますか？

怎么说呢，不同点。不同肯定是有的，对不对？日本人呢，就是他可能表面上他不会直接反对你或者提什么意见的话，工作有时候感觉也是比较认真的，应该说还是有这些优点的。但是一旦④他如果有一些意见的话，他可能会在你不感觉的时候跟你说，出其不意⁹的一种，一种，怎么说呢，预料¹⁰就是，预料之外的东西。

なんていうか、違いね。違いは間違いなくありますよね。日本人は表面的には直接反対したり意見したりすることはないかもしれません。仕事ぶりはまじめだと感じることがあります。そういう長所があると思います。でも、日本人は意見を持っていた場合、自分が気づかない時にそれを話してくれたりするので、意外な感じがしてしまうのです。何と言うか、予想外、そう、予想外のことを言うんです。

---

⁹出其不意：《成語》不意を突く　　¹⁰预料：予測、予想

中国人呢就是比较说，我们本身[11]就是中国人，容易知道他的习性[12]，他要想干什么了都可以知道，这个还是有区别，就是不太能够彻底地了解日本职工的那些内心的深处的东西。这还是有一点区别。

——但是在工作里面，有没有就是按照他们的特性来，就是安排他们的工作呢？

这基本上⑤没有。基本上就是根据，日本人中国人，还是根据个人能力不一样，可能会有些工作就是，就是说派[13]工作可能派不一样的，但是不会因为是日本人和中国人。这是，这已经是，在我们公司已经没有这个区别了已经，就根据能力来，来安排工作，对。

——那工作还是很忙吗？

工作，以前是很忙的，五六年以前还是比较忙，基本上是没有空的。这两年可能会差一点，整个设计和出版，这些制版[14]这些工作，有些都

中国人は、私たち自身中国人なので、彼らの習性や何をしたいかが簡単にわかります。ここはやはり違いがあって、日本人従業員の心の底にあるものすべては理解できないんです。ここに両者の違いが少しあります。

でも仕事では、従業員たちの特性から仕事を割り振ることはないのですか？

それはほとんどないですね。日本人も中国人も、個人の能力に違いがあるので、それによって仕事の割り振りは変えますが、日本人だからとか中国人だからということはありません。そういう違いは私の会社ではもうないので、能力に基づいて仕事を割り振っています。

では、仕事は忙しいですか？

仕事は、前は忙しかったですよ。5〜6年前は比較的忙しかったですね、ほとんど暇はなかったです。この2年はいまいちですね。全体のデザインと出版、これらの製版などの仕事はいくつか省かれるよ

---

[11] 本身：それ自身　[12] 习性：習性、癖　[13] 派：割り当てる　[14] 制版：製版

省略了。以前是比如有出版，要印刷要制版，这些项目已经省略掉了，直接用就是数码化了，对不对？所以就很多东西工具省了以后，工作也肯定少了。

——那您准备什么时候，就是退休，享受[15] 呢？

退休的话，也没有享受，自己在做的话，反正能够动就，就还是继续做下去吧。本身也不是体力上，很费体力的工作。

うになりました。以前は出版するなら印刷したり製版したりしなくてはいけませんでしたが、それらが省かれて、直接データ化されているじゃないですか。なので、多くのものが省かれれば、仕事も間違いなく減ります。

ではいつ頃退職してゆっくりする予定ですか？

退職ね、楽しみも別にないですけど、自分でやっていれば、いずれにせよ動けるうちは続けていくでしょうね。仕事自体は体力的に疲れる仕事ではないので。

---

[15] 享受：ここでは"享受生活"の意。退職後の悠々自適な生活を指している。

DATA

・范正圆 Fàn Zhèngyuán
出身：北京市
年齢：40代
職業：医療通訳および講師

- -

　生粋の北京人ですが、通訳という仕事柄、北京の訛り
はほとんどありません。3人のお子さんやペットに囲ま
れ、にぎやかに暮らしているそうです。

🔊 ウォーミングアップ　　　　　　　　　　　　⬇ DL 11

音声を聴いて空欄を埋めましょう。

1）那么，随着孩子们【①　　　　　】地长大，我的【②　　　　　】
　的时间越来越多。

2）那么开完药之后呢，我们还要带着【①　　　　　】去药房，
　跟这个药剂师一起再进行【②　　　　　】。

3）我父亲【①　　　　　】会给我有一些指点，所以我始终呢，
　就是对医学【②　　　　　】了一个非常强的一个好奇心。

4）通过这个【①　　　　　】也能够收到来自患者的，他们的感
　谢以及好评，让我感觉到非常地【②　　　　　】。

5）像这些小动作，那么会给患者【①　　　　　】非常大的这种
　安慰和就是【②　　　　　】。

☑ 内容確認

インタビュー全文はp.44にありますが、できるだけ見ないで答えてください。

▸ **インタビューpart 1を聴き、次の文が内容に合っていれば○、そうでなければ×を選びましょう。** 　⬇ DL 12

1）範さんは来日して24年になる。	○	×
2）範さんは10年前から医療通訳をやっている。	○	×
3）範さん医療通訳をする時、診察中は待合室で待機している。	○	×
4）範さんのお父さんは医者である。	○	×

▸ **インタビューpart 2を聴き、次の文が内容に合っていれば○、そうでなければ×を選びましょう。** 　⬇ DL 13

5）範さんはペットショップで犬や猫を眺めるのが好きだ。	○	×
6）範さんは日本の看護師の優しさに感心している。	○	×

Point　北京の発音＝普通話と思いがちですが、北京語も一種の方言であり、アル化音や発音の簡略化など、普通話とは異なる特徴があります。

　しかし範さんは、北京出身とは言っても医療通訳を仕事にしていることもあり、発音には癖がなく、聞きとりやすかったのではないでしょうか。それよりも、話し言葉特有の繰り返しや、医療関連の単語が聞きとりにくかったかもしれません。病院や病気に関する単語は、使用頻度の高いものから徐々に増やしていきましょう。

① 随着

「～につれて、～に従って」という意味の介詞で、文頭に置かれることも多いです。

随着孩子们逐渐地长大，我的时间越来越多。

Suízhe háizimen zhújiàn de zhǎngdà, wǒ de shíjiān yuè lái yuè duō.
子どもたちが徐々に成長するにつれ、私の時間がだんだん増えてきた。

随着手机功能多样化，现在的人已经离不开手机了。

Suízhe shǒujī gōngnéng duōyànghuà, xiànzài de rén yǐjīng líbukāi shǒujī le.
携帯の機能が増えるのに伴って、今や人は携帯を手放せなくなった。

随着阅历的增加，我对社会的看法有了很大的转变。

Suízhe yuèlì de zēngjiā, wǒ duì shèhuì de kànfǎ yǒule hěn dà de zhuǎnbiàn.
経験が増えるにつれて、私の社会に対する見方は大きく変わった。

② 要么A要么B

「Aするか、それともBする」「Aするか、そうでなければBするかのどちらかである」という意味。口語として使われます。

它们要么是流浪猫，要么是遭受过虐待的猫。

Tāmen yàome shì liúlàngmāo, yàome shì zāoshòuguo nüèdài de māo.
ノラ猫だったり、虐待を受けた猫だったりした猫ばかりです。

已经犯的错误再埋怨也没用，你要么想办法改善，要么接受现实。

Yǐjīng fàn de cuòwù zài mányuàn yě méiyòng, nǐ yàome xiǎng bànfǎ gǎishàn, yàome jiēshòu xiànshí.
すでにしてしまったミスについて、いくら文句を言っても仕方がない。改善の方法を考えるか、現実を受け入れるよりほかにない。

老师在台上讲课，学生们却在台下要么睡大觉，要么玩游戏。

Lǎoshī zài tái shang jiǎngkè, xuéshēngmen què zài tái xià yàome shuì dàjiào, yàome wán yóuxì.
先生が教壇で講義をしているのに、学生たちは居眠りをするか、ゲームをするかだ。

③从～(的)角度来说

「～という側面から…について述べる」という表現。"角度"(角度)は、物事の見方を示すための「側面」や「分野」「視点」という意味でも使われます。口語では動詞"说(说)""谈"を使いますが、書き言葉では"从～(的)角度而言""从～(的)角度来看"という言い方が一般的です。

从医疗的角度来说说这个问题。

Cóng yīliáo de jiǎodù lái shuōshuo zhège wèntí.

医療という側面から、この問題について述べたいと思います。

从战略角度而言，两国国家的关系非常紧密。

Cóng zhànlüè jiǎodù ér yán, liǎng guó guójiā de guānxi fēicháng jǐnmì.

戦略的な観点から言えば、両国の関係は非常に緊密です。

④即便～

"即便"は「たとえ～であっても」という意味の接続詞で、よく"也""还"などと呼応します。基本的な意味は"即使""哪怕"と同じです。"即便是"は口語でよく使われます。

即便是不懂中文，护士也会面带笑容抚摸着患者的后背。

Jíbiàn shì bù dǒng Zhōngwén, hùshi yě huì miàn dài xiàoróng fǔmōzhe huànzhě de hòubèi.

たとえ中国語がわからなくても、看護師は笑顔で患者の背中を撫でてくれる。

我家小狗喜欢散步，即便刮风下雨，它也想出门。

Wǒ jiā xiǎogǒu xǐhuan sànbù, jíbiàn guā fēng xià yǔ, tā yě xiǎng chūmén.

うちの犬は散歩が好きで、たとえば雨や風が強くても、外に出たがる。

——小范，你好！谢谢你今天抽出时间来接受我的采访。

範さん、こんにちは。今日はお時間を作って取材に応じてくださって、ありがとうございます。

我也很高兴接受你的采访。

こちらこそ取材していただき光栄です。

——请问你来日本大概多长时间了呀？而且来日本以后大概是做什么呢？

日本に来てどれくらい経ちますか？　また、日本に来てからどんな仕事をしていますか？

我来日本啊，今年是整好¹第24年。已经是人生的一半，前一半在北京，后一半在日本。那我来日本一开始呢是做翻译，后来因为结婚之后接二连三²地生了三个孩子，就进入了大概十几年的一个这个³回归家庭的这样一个状况。那么，随着①孩子们逐渐地长大，我的自由的时间越来越多，慢慢呢大概从7、8年前我就开始这个……新的工作，就是做医疗翻译。

日本に来てから、今年でちょうど24年目です。すでに人生の半分です。前半は北京にいて、後半は日本にいます。来たばかりの頃はずっと通訳をしていました。そして立て続けに3人の子どもを産んで、十数年間、家庭に戻る期間がありました。子どもたちが徐々に成長するにつれて、自分の自由な時間が増え、おおよそ7〜8年前から新しい仕事、医療通訳を始めました。

——哦，医疗翻译挺难的吧，我听说，因为它对专业性的要求相当强。

医療通訳は難しいでしょう。高い専門性を必要とする通訳だそうですね。

---

¹ 整好：一般的には"正好"と言う。"正"は東北方言では第3声で発音する傾向があるらしく、その影響を受けている可能性もある。　² 接二连三：《成語》次から次へと続く、次々と
³ 这个：ここでは考えながら話す時などに、会話の間に挟み込む言葉として使われている。以下同じ。

是的，你说得没错儿。医疗翻译是在翻译里面一个比较小众[4]的类型，那我们的这个服务人群[5]呢，主要是一些生活在日本，但是他本人日语又不太好的，这样的中国人。所以也就要求我们必须具备这个相对良好的日语基础以及相关的一些这个医疗知识。

ええ、おっしゃるとおりです。医療通訳は比較的ニッチな分野の通訳で、私たちがサービスを提供するのは主に日本で生活していて、日本語があまり話せない、そういう中国人です。だから私たちにはしっかりした日本語の基礎と医療関連の知識が必要です。

——是吧, 那这些患者来了以后, 你具体是给他们提供怎样一个, 就是服务呢？

そうですか。患者が来たら、具体的にどんなサービスを提供するんですか？

通常我们的工作是从医院开始，然后在药房[6]结束。那么我们在集合的时间会在这个医院大厅跟患者聚合，聚集在一起之后，我们就带着他去门诊[7]，就诊[8]，那么比如说医生的问诊[9]哪，以及这个做一些相关的检查。那么还可能医生会在后面给患者开药[10]。那么开完药之后呢，我们还要带着患者去药房，跟这个药剂师[11]一起再进行沟通，给患者讲解这个药的服用方法。直到这儿，我们的这个工作才算是正式结束。

私たちの仕事はふつう病院から始まり、薬局で終わります。集合時間に病院のエントランスホールで患者と待ち合わせをし、集合したら患者を連れて診察に行きます。たとえば医師は問診をしたり、関連の検査をしたり、また患者のために薬を処方するかもしれません。処方箋が出ると、患者を連れて薬局に行き、薬剤師とのやりとりを手伝い、患者に薬の服用方法を説明します。ここまで来て、ようやく仕事が正式に終了します。

---

[4] 小众：少数派、非主流、ニッチ　[5] 人群：ここでは「対象」「ターゲット層」を指す
[6] 药房：薬局　[7] 门诊：外来の患者を診察する　[8] 就诊：受診する、医者に診てもらう
[9] 问诊：問診をする　[10] 开药：薬を処方する　[11] 药剂师：薬剤師

——听着也挺辛苦的，等于一天的工作就要在医院和药房进行。挺费时间的，对不对？

大変そうですね。1日中、病院と薬局の中で仕事をするわけですね。かなり時間がかかりますか？

是的，基本上去一次医院的话，少说¹²三个小时，长的时候可能半天甚至一天都要在医院度过。

はい。基本的には一度病院に行くと、少なくて3時間、長い時だと半日、もしくは1日病院で過ごすこともあります。

——是吧。那我想问一下，当时你为什么会选择这样一个工作呢？为什么会对它感兴趣呢？

そうですか。では、お聞きしたいのですが、当時なぜこの仕事を選んだのですか？　なぜ興味をもったんでしょうか？

是这样，我呢，我觉得第一个原因呢，是因为我从小，就是我的父亲是一名这个内科医生。那么从小的这个环境下呢，我就接触到了一些这个医学方面的知识。我父亲一直会给我有一些指点¹³，所以我始终呢，就是对医学保持了一个非常强的一个好奇心。

じつは、第一の理由は、私の幼い頃から、父が内科医をしていたからです。子どもの頃からの環境によって、医学的な知識に触れる機会があったんです。父が私にいろいろなことを教えてくれたので、私はずっと医学に対して強い好奇心を持ちつづけました。

——可以说你父亲对你人生而言，是一个非常好的一个老师，是吧。

お父様は範さんの人生において、とてもよい先生だと言えるわけですね。

是的，是的。那么除了我父亲的原因之外，就是因为在(6、7)7、8年前，那我开始接触这个医疗翻译

そうです。それ以外の理由としては、（6～7）7～8年前から医療通訳のボランティアをやっていました。このボランティアを通してわ

---

¹²少说：少なく見積もって、少なくとも　　¹³指点：導く、教える、ヒントを与える

的志愿者服务，通过这个志愿者服务，让我明白了，就是说这个工作非常地重要，同时呢，通过这个服务也能够收到来自患者的，他们的感谢以及好评，让我感觉到非常地满足。

かったのが、この仕事が非常に重要だということ。それに、このサービスを通じて患者さんから感謝やお褒めの言葉をもらえるのは、私にとってとても達成感があるんですよ。

——我觉得我挺能理解的。你是从志愿者开始的，然后你觉得有成就感[14]，就说明这个工作能让你觉得就是被别人需要，是不是？

よくわかります。ボランティアから始めて、達成感を得られたのは、自分の仕事が他人に必要とされていると感じられたということですよね。

你说得一点儿都没错儿。就是这个。

おっしゃるとおり、まさにそうです。

——这的确是工作的一个很大的动力。对吧。

それはたしかに仕事の上で大きなモチベーションになりますね。

对，对，是的。

そうです。そうなんです。

---

[14] 成就感：達成感

——那你平时做这个医疗翻译的话，一定很辛苦，那回家以后你会做什么呢？

ふだん医療通訳をしていたら、きっと疲れますよね。家に帰ったら何をして過ごしていますか？

哎呀，这个，的确，工作的时候当然是非常辛苦的，这个状态。但是呢，回家之后，我也有我自己的让我放松的很多的方法。那一个方法呢就是种花种菜[15]，因为我有自己的小院子[16]，我很喜欢，这个什么，很喜欢种花种菜。另外一个就是我的宠物，因为每天呢回家之后，家里就会有我的猫跟狗来迎接我，那么，这个呢是我最幸福的一个时光。

うーん、たしかに仕事の時は、もちろんとても疲れた、そういう状態です。でも家に帰ったら、自分をリラックスさせるいろんな方法があるんです。一つは花や野菜を植えて育てること。うちには小さな庭があって、花や野菜を育てるのがとても好きなんです。もう一つは私のペットたちで、毎日帰宅すると、猫や犬が私を迎えてくれます。それが一番幸せな時なんです。

——你家养了多少猫和狗啊，我听说很多的。

何匹くらいの猫や犬を飼っているんですか？　たくさんいるとお聞きしましたが。

是的，我家呢，有六只猫、一只狗，都是我的宝贝。

ええ、猫が6匹と犬が1匹です。みんな私の大事な宝物なんです。

——天哪，比我想的还要多，那你们家是不是有点像动物园？

わあ、思っていたより多いですね。じゃあ家の中はまるで動物園みたいですか？

对,我所有的朋友都说我家像动物园。

そうなんです。友だちみんなに動物園みたいだと言われます。

---

[15] 种花种菜：(花や野菜を育てたりして)園芸をする　[16] 小院子：小さい庭

尤其到了冬天的时候啊，这个，猫跟狗呢，他们都非常喜欢陪在我身边，跟我一起睡觉啊，让我抱着他们啊。那么，你抱着猫的时候的那个感觉呢，就非常像，就是我们做母亲，那么抱着小婴儿[17]时候的那个感觉。所以这也让我是感到非常地幸福。

とくに冬が一番幸せ。というのも猫と犬は私のそばにいるのが好きで、私と一緒に寝たり、抱っこさせてくれたりします。猫を抱くあの感覚は、母親ならわかりますが、赤ん坊を抱っこしている時の感覚と似ているんです。だからすごく幸せに感じます。

——对，猫软软的啊，摸起来有点像小孩子。

そうですね。猫はふわふわしていて、触った感じは小さな子どもに似ていますね。

对对对，大小也差不多，体重也差不多。

そうなんです。大きさも重さもほぼ同じです。

——明白明白，那你这么多的猫和狗都是买来的吗？

わかります。そんなにたくさんの猫と犬は、みんな買ってきたんですか？

那当然不是，我所有的猫和狗，我是，都是通过领养会[18]领养。那么我们现在讲，叫做"领养代替[19]购买"。那我所有的这个猫呢，它们要么是流浪猫[20]，要么②呢是遭受过虐待的这个猫。嗯……我呢，是不愿意就是说从宠物店花，用金钱来去购买这样的生命，所以呢，我觉

もちろん違います。うちの猫と犬はみんな、讓渡会に行ってもらってきたのです。言ってみれば「買う代わりに引き取ること」と言えますが、うちの猫たちは、中にはノラ猫もいれば虐待を受けていた猫もいます。私は、ペットショップから、このような命をお金で買うことはしたくないんです。だからノラ猫に家をあげられるなら、どうしてそうしないの？と思うわけですよ。

---

[17]小婴儿：赤ん坊、小さい赤ちゃん　　[18]领养会：保護された犬や猫などを讓渡する会
[19]代替：取って代わる。"用A代替B（Bに代えてAを使う）"という使い方が一般的。
[20]流浪猫：ノラ猫。"流浪猫"は特に家がないことを強調した言い方で、"野猫"が一般的。

得，既然[21]我有能力给流浪猫一个家，为什么不给呢，对吧。

——我觉得它们挺幸福的。

ペットたちはきっととても幸せですね。

是的是的，来我家的猫都很幸福（笑）

そうです。私の家に来た猫は幸せですよ(笑)

——我觉得你也特别适合做医疗翻译，都是共通的，这种。

範さんは医療通訳にぴったりだと思います。どちらも共通していますよね。

对，可能是的。

そうかもしれませんね。

——好的，那最后问你一个问题啊，中国跟日本之间你也知道存在很多不同的地方。那么对你来说，你觉得印象最深的一点在哪里？你可以想一想。

では、最後の質問ですが、中国と日本の間には異なるところがたくさんありますよね。範さんにとって一番印象深いのはどんなところですか？　少し考えてもいいですよ。

啊……你这个问题提得比较尖锐[22]，我还真得好好想想。而且这个可以有很多角度来谈这个问题。但是，既然我是从事[23]医疗翻译工作呢，那我就从这个角度来说说③这个问题吧。

鋭い質問ですね。本当によく考えてみないといけないですね。さまざまな角度からこの質問について語ることができます。でも医療通訳の仕事をしているので、その視点から答えたいと思います。

——欸，挺好。

ええ、いいですね。

我觉得呢，日本的医生和医护人员，

私が思うに、日本の医師や医療従

---

[21]既然：〜である以上、〜するからには　　[22]尖锐：鋭い　　[23]从事：従事する、〜の仕事をする

那么对患者，他们的这种人性化[24]的一个关怀[25]，是我们就是说中国的医院以及中国的医护人员需要好好学习的一点。比如我举个例子吧，因为我工作的时候经常会要陪一些癌症的患者。那大家知道，这个癌症患者在(晚)后期的时候，他身体上会有各种各样的病痛。嗯……那这个时候呢，日本的护士，他们即便是不懂中文，也没有办法这个说直接和患者去沟通，但是他依然会面带着这个笑容，而且会，有的时候他们会抚摸[26]着患者的后背呀，或者是拉着患者的手，拍一拍[27]他的手臂[28]呀。像这些小动作，那么会给患者带来非常大的这种安慰和……就是感动。

事者の、患者に対する人間味のある思いやりは、中国の病院や中国の医療従事者がよくよく学ぶべきものです。一つ例を挙げましょう。仕事の時によく癌患者に付き添うことがあります。皆さんご存知のとおり、癌患者は末期には、体のあちこちにさまざまな痛みが出ます。そういう時、日本の看護師はたとえ中国語がわからず、直接患者とコミュニケーションをとる方法がなくても、優しい笑顔で、時には患者の背中をなでたり、患者の手を取って優しく軽くさすったりします。こんなちょっとした仕草に、患者に大いに慰められ、感動するんです。

——我觉得我可以想见[29]这个画面，非常地温暖。

その場面を想像することができました。とても温かいんですね。

是的是的。

そうなんです。

---

[24] 人性化：人間性を備える　[25] 关怀：配慮する　[26] 抚摸：優しくなでる
[27] 拍一拍："拍"は「叩く」の意だが、ここでは"揉一揉"や"抚摸"の意味で使ったと思われる。
[28] 手臂：腕。"胳膊"とも言う。　[29] 想见：うかがい知る、推し量る（ここでは具体的な場面について言っているので、"想像"に置き換えられる）

莫凌峰 さん

DATA

・莫凌峰　Mò Língfēng
出身：浙江省・嘉興市
年齢：20代
職業：大学院生

博士課程に在籍し、農業に関する研究をしている莫さん。物腰が柔らかく、日本の生活にもすっかり慣れているようです。中国と日本を比較する視点には、若者らしい感覚がうかがえます。

🔊 ウォーミングアップ　　　　　　　　　　　　⬇ DL 14

音声を聴いて空欄を埋めましょう。

1）如果我从事别的【①　　　　　　】的话，我需要从零
　【②　　　　　　】。

2）另外一个呢，是日本政府【①　　　　　】这个农业的补贴非
　常多，所以日本的农产品【②　　　　　】非常之高。

3）比如说这个水果——【①　　　　　】，然后提高它的糖度呀，
　提高它的那个附加【②　　　　　】这种方式。

4）比如说因为现在国内的话，那种【①　　　　　　　】啊，非
　常方便，所以大家可能用【②　　　　　】的人比较少。

5）就是说，距离太近了，反而会给人造成一些【①　　　　　】，
　会有一些尴尬的问题不好【②　　　　　】的。

✔ **内容確認**

インタビュー全文はp.56にありますが、できるだけ見ないで答えてください。

▶ インタビューpart 1を聴き、次の文が内容に合っていれば〇、　　　⬇ DL 15
　そうでなければ × を選びましょう。

1）莫さんは、当初は日本で洋菓子作りを学ぼうとしていた。	〇　✕
2）莫さんは親の反対に遭い、洋菓子作りの習得を諦めた。	〇　✕
3）莫さんには妹がいる。	〇　✕
4）莫さんはお父さんと同じ業界を選んだ。	〇　✕

▶ インタビューpart 2を聴き、次の文が内容に合っていれば〇、　　　⬇ DL 16
　そうでなければ × を選びましょう。

5）莫さんは帰国すると面倒だと思うことがある。	〇　✕
6）莫さんは中国人同士の関係はいつも心地がよいと考えている。	〇　✕

Point　　莫さんの出身地・嘉興は昔から交通の要衝で、さまざまな方言が混ざっています。莫さんは若者らしいきれいな発音ですが、ところどころに江南地域のイントネーションや、zh/zとの混同が見られます。

　なお、方言ではありませんが、莫さんのように"比較"の"較 jiào"を第3声で発音したり、"因為"の"为 wèi"を第2声で発音したりするネイティブもよくいます。

①其实

「じつは」「本当は」「じつのところ」という意味で、会話でもよく使われます。

其实刚来日本的时候，我想学习点心。
Qíshí gāng lái Rìběn de shíhou, wǒ xiǎng xuéxí diǎnxīn.
じつは日本に来たばかりの頃は、お菓子作りを学びたいと思っていました。

中国其实牺牲了农民的利益。
Zhōngguó qíshí xīshēngle nóngmín de lìyì.
中国は、じつのところ農民の利益を犠牲にしている。

很多人以为樱花是日本的国花，但其实日本没有指定国花。
Hěn duō rén yǐwéi yīnghuā shì Rìběn de guóhuā, dàn qíshí Rìběn méiyǒu zhǐdìng guóhuā.
多くの人は桜が日本の国花だと思っているが、じつは日本は国花を定めていない。

②并不～

「（じつは）～ではない」「～というわけでない」という意味で、予想や常識、相手の考えと違うことを表します。弁解の意味に用いられることもあります。

国内这方面做得并不是很好。
Guónèi zhè fāngmiàn zuòde bìng bú shì hěn hǎo.
中国国内では、そういうことがうまくできているわけではありません。

消费者有时候并不知道自己需要什么。
Xiāofèizhě yǒu shíhou bìng bù zhīdào zìjǐ xūyào shénme.
時に消費者は、自分が何がほしいのかわからないこともある。

我并不想责怪你，我只是想解决问题。
Wǒ bìng bù xiǎng zéguài nǐ, wǒ zhǐ shì xiǎng jiějué wèntí.
決してあなたを責め立てるつもりはないが、私は問題を解決したいだけなのです。

③ 非常之高

［"非常之"＋形容詞］の形で、「ずば抜けて、格段に～」と"非常"をさらに
強調するニュアンスです。"之"には具体的な意味はありませんが、使うと
やや文語的な表現になります。口語では"非常地～"もよく使われます。

日本的农产品价格非常之高。
Rìběn de nóngchǎnpǐn jiàgé fēicháng zhī gāo.
日本の農産品の価格は非常に高いです。

当年公司的发展非常之艰难。
Dāngnián gōngsī de fāzhǎn fēicháng zhī jiānnán.
当時会社の発展はとても厳しい状態にあった。

这一套瓷器制作得非常之精美，让人百看不厌。
Zhè yí tào cíqì zhìzuòde fēicháng zhī jīngměi, ràng rén bǎi kàn bú yàn.
この磁器のセットはとても精巧で美しく、見ている人を飽きさせない。

- -

④ 反而

「逆に」「それどころか」「かえって」という意味の副詞。予想に反することを
表し、おもに口語で使われます。

反而回国的话，会有些不适应。
Fǎn'ér huí guó dehuà, huì yǒuxiē bú shìyìng.
帰国するとかえって適応できないことがある。

距离太近了反而会给人造成一些困扰。
Jùlí tài jìn le fǎn'ér huì gěi rén zàochéng yìxiē kùnrǎo.
距離が近すぎると、かえって人を困惑させることがある。

按理说股票应该下跌的，但反而涨了。
Ànlǐ shuō gǔpiào yīnggāi xiàdiē de, dàn fǎn'ér zhǎng le.
理論的には株価は下がるはずなのに、逆に上がった。

——莫同学您好。

莫さん、こんにちは。

您好。

こんにちは。

——今天很高兴认识您。那个，我听说您现在是在攻读¹博士学位。

お会いできて大変光栄です。莫さんは今、博士課程にいらっしゃると伺いました。

是的。

そうです。

——是嘛，请问是什么专业呢？

そうですか。ご専門は何ですか？

现在读的是农村地理学。

今の専攻は農業地理学です。

——农村地理学？跟农业有关的。

農業地理学？　農業と関連があるんですね。

对，跟农业有关的。

はい。農業と関係があります。

——啊……这个我比较感兴趣，我想知道您是为什么会选择农业呢？

そうですか。それは私も興味があります。なぜ農業を選んだのか知りたいのですが。

其实①刚开始来日本的时候，我想念²的是，读³点心的，学习点心。

じつは日本に来たばかりの頃、学びたかったのはお菓子作りです。お菓子の勉強です。

——是"和果子"那种点心吗？

和菓子のようなスイーツですか？

---

¹攻读：専攻する　²念：(学校で)勉強する　³读：(学校で)勉強する

是"洋果子"。

洋菓子です。

——洋果子！哦，西洋点心。

洋菓子ですか？　あ、欧米のスイーツですね。

对，西洋点心。

そうです。欧米のスイーツです。

——就日本的那个也很好吃。

日本は洋菓子も本当においしいです。

对，很好吃，然后我自己也特别喜欢，但是后来我看了一下，实际来的时候看了一下学费，太贵了吧，可能需要两百万一年，因为学习这个的话是没有时间打工的，然后需要花很多的材料费，所以后来我选择放弃了。

ええ、おいしいです。私もスイーツがとても好きです。ところが、実際に日本に来て学費を見たら、あまりに高かったんです。1年に200万かかります。これを学ぶならアルバイトをする時間がないし、さらに大変な材料費がかかるので、それで諦めました。

——我也觉得材料费会比较贵。确实，嗯……

私も材料費はけっこう高いだろうと思います。たしかに……

然后后来因为中国的话，还是比较看重这个学历的，是一个学历社会，所以呢，我决定说⁴读一下大学院的话，尽量⁵学历高一点，回国找工作也方便一些。

それから中国では学歴を非常に重視します。学歴社会ですから。だから大学院に行って、できるだけ高学歴を獲得したほうが、帰国して仕事を探すのに有利かなと思って。

——哦，你还是打算以后要回国发展的。

帰国して活躍するつもりなんですね。

---

⁴决定说：一般的には"决定"のみでよい。　⁵尽量：できるだけ、なるべく

回国。

—— 是吧，那，还是想回浙江？

基本上是回去，因为我是独生子嘛[6]。

—— 哦，对对对。

然后父母就我一个孩子。

—— 哦，考虑到爸爸妈妈。

对，因为我爸爸是做农业方面的，他的朋友也都是做农业的，毕业之后呢，我从事农业的话，可以借助父亲的那个力量，所以我的成功的可能性会比较高。如果我从事别的行业[7]的话，我需要从零开始，并没有人教我，失败的可能性很高，所以从一个安全的，一个方向来看的话，选择从事农业，对我来说比较有利、比较合理。

—— 我知道了。你觉得你现在学到了一些好的经验[8]吗？可以举一个例子吗？

帰国します。

そうですか、そうしたらやっぱり浙江省ですか？

ええ、基本的には戻ります。私は一人っ子ですから。

ああ、そうですよね。

両親には私一人しか子どもはいないので。

お父さんとお母さんのことを考えて。

ええ。それに父も農業関連の仕事をしています。父の友人たちも農業関連です。私が卒業したあとに農業関連の仕事をすることになれば、父の力を借りることができ、成功する可能性が高くなります。もしほかの業界に行くなら、ゼロからスタートしなければならず、誰も教えてくれる人はいないので、失敗する可能性が高い。だから安全という側面から見ると、農業を選ぶことにはメリットがあり、合理的なのです。

わかりました。今、（大学院で）何か役立つ知識を得られましたか？例を挙げてもらえますか？

---

[6] 我是独生子嘛：いわゆる一人っ子政策(1979～2015)のため、莫さんの世代は兄弟がいない人が多い。 [7] 行业：業種、職業 [8] 经验：経験して身につけた知識やスキル

好的经验……嗯，因为我现在学的是农民组织嘛，所以日本跟中国不太一样的地方是：日本的农户，很多是加入这个农协，然后由农协统一给他们，（这样）销售、宣传这样，但是其实国内这方面做得并不②是很好。

——那国内是走什么样的路径呢？

其实国内的话，大部分的这种小规模这种农户，其实他们就是怎么说呢，他们的销路⁹是不稳定的，可能是通过中间商¹⁰这样，可能他们有一些年纪比较大的爷爷奶奶，他们可能会就是挑¹¹着自己种的蔬菜呀，然后在集市¹²上卖这样，所以这个很不稳定。
另外一个呢，是日本政府对于这个农业的补贴¹³非常多，所以日本的农产品价格非常之高③。但是中国的话，说实话其实牺牲了大部分农民的利益。

——那您个人觉得中国这个农业啊，今后的发展方式，或者说发展方向会是什么样的呢？

役に立つ知識……今学んでいるのは農民の組織で、日本と中国が違うのは、日本の農家は多くが農協に加入していることです。そして農協が彼らのために一括して販売や宣伝をしています。しかし、じつは中国国内では、そういうことがうまくできているわけではありません。

では中国国内ではどのようなやり方があるんですか？

じつは中国国内では、ほとんどのこのような小規模の農家は、どう言ったらいいんだろう、彼らの販売ルートは安定していないんです。中間の卸売りみたいな業者を通しているか、あるいは年配のおじいさんやおばあさんが、自分が育てた野菜を担いで市で売ったりしていて、とても不安定です。
もう一つ言えるのは、日本政府は農業に対する補助金が非常に多いということです。ですから、日本の農産品の価格は非常に高いです。しかし中国の場合、正直な話、じつは農民の利益の犠牲の上に成り立っているんです。

では、ご自身では、中国の農業が今後どうやって発展するか、もしくはどのような方向に発展していくかについて、どう思いますか？

可能中国的这种方向，可能有两个方向。一个就是大规模的集约型的农业。农协统一收购[14]然后销售。另外一种呢，是有点像日本这种精耕细作[15]，就是品牌化、少而精[16]的模式。比如说这个水果——苹果，然后提高它的糖度呀，提高它的那个附加价值这种方式。

——精品化。

精品化，对。

——那这个可能是不是要看地区了？

对，现在可能国内的话，也是比较在经济相对来说比较发达的，比如说长三角、珠三角、京津唐这种地方可能发展得还可以。

中国としては２つの方向性があると思います。１つは大規模な集約型の農業。農協が一括して買い取り、そして販売する。もう１つは日本みたいに農作物の質にこだわるようにして、つまりブランド化し、少ない生産量で高い品質を維持するというモデルです。たとえば果物、リンゴを例にとると、その糖度を高めるとか、付加価値を高める方法ですね。

品質を高めるのですね。

品質を高めます。

それはもしかして地域によって判断する必要がありますか？

そうです。今、中国国内なら、経済が比較的発達している、たとえば長江デルタ地域、珠江デルタ、そして北京・天津・唐山などの地域ではうまく行っていると思います。

---

[14] 收购：買い上げる
[15] 精耕细作：《成語》手間をかけて入念に農作業をする
[16] 少而精：量は少なくても質は上等である

——那说到中国和日本的差异，你这方面有什么样的想法吗？

日本と中国の違いについての話になりますが、それについて何か考えはありますか？

因为比较习惯了日本的生活了，反④面回国的话，可能刚开始会有些不适应，比如说因为现在国内的话，那种电子支付啊，非常方便，所以大家可能用现金的人比较少，但是我很久没回去，那些我其实不太会用。

日本の生活に慣れてしまったので、中国に帰国すると、かえってすぐに適応できないことがあります。たとえば今、中国国内では電子マネーでの支払いがとても便利です。だから現金を使う人は多くありません。でも私は長く帰国していないので、じつはそういった電子マネーをうまく使えないんです。

——那你就是用现金支付的？

現金で払うんですか？

对，我自己用现金支付，或者说朋友帮我支付这样，然后我再给他钱。

そう、自分の分は現金で払うか、または友だちに払ってもらって、あとでお金を渡すとか。

——是不太方便。

あまり便利ではないですね。

还有可能就是，还有一个就是比如坐地铁的一个事情，或者坐高铁[17]。日本并没有安检[18]嘛，国内的话会有安检，可能考虑到一个安全的一个问题，所以有的时候比较麻烦。

あとは、たとえば地下鉄に乗る、または高速鉄道に乗るという時、日本ではセキュリティチェックがありませんが、中国ではあります。1つには安全性を考慮しているのかもしれませんが、時々面倒だなと思います。

——要多一道手续。

プロセスが1つ増えますよね。

---

[17]高铁：高速鉄道　　[18]安检：保安検査。"安全检查"の略。

可能还有一个"人"吧，然后中国人比较热闹[19]，喜欢热闹，对，比较关心别人的事情，可能平时过年过节，然后亲戚来了，会问你"哎呀，今年赚了多少钱？工资怎么样？"，然后"男朋友女朋友找到了吗？什么时候结婚？什么时候生孩子？"这样。就是说，距离太近了，反而会给人造成一些困扰[20]，会有一些尴尬[21]的问题不好回答的，如果自己真的现在过得还不错的话，当然回答也没问题，但如果其实有些人生活得并不好，也不好意思回答这些问题。

——对对对，我也觉得中国这个亲人啊，朋友之间这个距离是太近了，那太近了以后这个关心啊，有的时候就变成了一种负担或者干涉。

我个人觉得当然有些人是真的关心，但是有些人并不是真的关心，只是八卦[22]而已（笑）

——啊……明白，明白。对，日本这方面好像是确实是，家人之间他们好像也

あとは「人」でしょうか。中国人はにぎやかだし、活気のある雰囲気が好きで、他人のことを気にかけます。祝日や年越しには、ふつう親戚が来て、「ね、今年はどのぐらい稼いだの？　給料はどのぐらい？」とか、「彼氏・彼女は見つかった？」「いつ結婚するの？」「いつ子どもを産むの？」などと聞くでしょう。距離が近すぎると逆に困らせるようなことが起きる。気まずいのでうまく答えられない質問もある。自分の生活がうまく行っている時は回答に窮することもないですが、生活がうまく行っていない人はこういう質問に恥ずかしくて答えられません。

そうそう、私は中国では親戚や友だち間の距離が近すぎると思います。近すぎると、「気にかける」という感覚が時には一種の負担や干渉になりますよね。

個人的には、本当に気にかけてくれている人もいるけれど、一部の人はそうではなく、単純にもの好きということも多いと思います（笑）

あ〜、わかります。日本では、たしかにそうですよね。私の感覚では、家族同士でも一定の距離を置

---

[19]热闹：にぎやかにする、楽しく騒ぐ　[20]困扰：困らせること、迷惑
[21]尴尬：気まずい、困惑する　[22]八卦：うわさ話やゴシップが好きである

是，给我感觉好像距离相对要隔开一些。

但这种生活方式呢，我们也不能说哪种好哪种不好，可能是有利有弊。

——就像人的性格一样。

对。

いているようです。

でもこのようなライフスタイルについては、どちらがよいとか、よくないとか言うことはできません。どちらもメリット・デメリットの両方がありますから。

人の性格と同じですよね。

そうです。

采访 06 ▶ 張小文 さん

DATA

- 张小文　Zhāng Xiǎowén
  出身：北京市
  年齢：20代
  職業：コンサルティング業

　中国の厳しい競争社会を勝ち抜き、一流の教育を受け
てきた張さん。話しぶりからも頭脳明晰な様子が伝わっ
てきます。

🔊 ウォーミングアップ　　　　　　　　　　　　　　⬇ DL 17

音声を聴いて空欄を埋めましょう。

1）爸妈【①　　　　　】来东京玩儿的时候，【②　　　　　】点名
　去新宿这家烤肉店吃和牛，去银座这家店吃刺身。

2）责任也重，【①　　　　　】更高，就说明公司工作的
　【②　　　　　】会比第一家更大。

3）我的【①　　　　　】很多是一些大企业的【②　　　　　　　】
　人事部部长或是社长。

4）这种时候【①　　　　　】第三者的咨询公司来替他们从
　【②　　　　　】的角度梳理一下存在什么问题。

5）下了课不是说去参加什么【①　　　　　　】，而是去冲向酒吧，
　去喝酒去【②　　　　　】人际关系啊之类的。

☑ 内容確認

インタビュー全文はp.68にありますが、できるだけ見ないで答えてください。

▶ **インタビューpart 1を聴き、次の文が内容に合っていれば◯、そうでなければ×を選びましょう。** （⤓ DL 18）

	◯	×
1）張さんの両親は来日したことがない。	◯	×
2）張さんは小さい頃、両親に厳しく育てられた。	◯	×
3）張さんは転職して給料が倍になった。	◯	×
4）張さんは現在の会社で、企業の法務を担当している。	◯	×

▶ **インタビューpart 2を聴き、次の文が内容に合っていれば◯、そうでなければ×を選びましょう。** （⤓ DL 19）

	◯	×
5）張さんは日本より中国の若者のほうがプレッシャーが大きく、大変だと考えている。	◯	×
6）張さんは中国の会社でも終身雇用制が多いと言っている。	◯	×

Point 張さんは北京生まれ・北京育ちですが、両親が南方出身のためか、北京の訛りはあまりありません。"签证儿"の一か箇所にだけ、北京人特有のアル化の名残がある程度です。

　発音には癖がなく、聞きとりやすいですが、話のスピードはやや速めです。まとまった話も多いため、文の構造を理解するにはいい材料になるでしょう。

① 助動詞 "会"

なんらかの技術を習得した結果「〜できる」という意味のほか、「〜するのが上手だ」という意味でも使われます。この場合、前に "很" などの程度副詞を置くことも多いです。

很会吃

hěn huì chī

上手に食べられる（「舌が肥えている」「体によい食べものを選べる」「食べ方が上手だ」など、さまざまな意味が考えられる）

小王特别会说话。

Xiǎo Wáng tèbié huì shuōhuà.

王さんはとても話が上手だ。

老人家很会生活。

Lǎo rénjiā hěn huì shēnghuó.

その年配の方は上手に生活を楽しむことができる。

※助動詞 "能" も「上手だ」という意味を表しますが、"会" と共通する場合もあれば、ニュアンスが異なる場合も多いです。"能" は量がたくさんであること、"会" は質が優れていることに重点があります。

能说会道	口が達者である《成語》
能吃	たくさん食べられる、大食いだ
能说话	話すことができる（上手かどうかはわからない）
很能说	たくさん話せる

---

② 翻(一)番

「2倍になる、倍増する」という意味の動詞です。"番" は量詞で2倍する回数を数えるので、"翻一番" なら2倍、"翻两番" なら4倍（2倍×2）になることを意味します。

收入翻了一番。 = 收入增加了一倍。

Shōurù fānle yì fān. = Shōurù zēngjiāle yí bèi.

収入が倍増した。

明年钢产再<u>翻</u>一<u>番</u>。

Míngnián gāngchǎn zài fān yì fān.

来年は鋼鉄の生産高をさらに倍増させる。

旅游支出总量去年是5万亿元，今年<u>翻</u>了一<u>番</u>，上升到10万亿元。

Lǚyóu zhīchū zǒngliàng qùnián shì wǔ wàn yì yuán, jīnnián fānle yì fān, shàngshēngdào shí wàn yì yuán.

旅行にかかわる支出総額は昨年5兆元だったが、今年は2倍の10兆元になった。

----

③ **导致**

「～を引き起こす」「～をもたらす」という意味で、多くは悪い結果になる時に用いられます。

<u>导致</u>他们在大学时代就开始不停地竞争、不停地学习。

Dǎozhì tāmen zài dàxué shídài jiù kāishǐ bù tíng de jìngzhēng, bù tíng de xuéxí.

(そのため)彼らは大学時代から絶えず競争し、勉強することになるのです。

两国之间的利益冲突终于<u>导致</u>了一场战争。

Liǎng guó zhī jiān de lìyì chōngtú zhōngyú dǎozhìle yì cháng zhànzhēng.

両国間の利益の衝突はとうとう戦争を引き起こした。

长期不运动可<u>导致</u>各种疾病。

Chángqí bú yùndòng kě dǎozhì gèzhǒng jíbìng.

長期間の運動不足はさまざまな病気をもたらすでしょう。

——小张，你是五年前来的日本，首先能不能请你谈一下来日本的原因呢？

張さんは5年前に日本へいらしたんですよね。まず初めに、日本へ来た理由を話していただけますか？

当时三年级的时候，我去早稻田大学交换留学了一年，然后在这一年之间呢，就有很多大公司的实习参加了[1]。那么当时就觉得在日本工作很有意思，所以回国之后呢，四年级的时候就在北京找了一些来北京招聘的日本大企业，然后去一些面试参加[2]。

当時（大学）3年生の頃、交換留学で早稲田大学に1年間行って、この1年間にたくさんの大企業のインターンシップに参加しました。その時、日本で働くのはおもしろいと感じたので、帰国して4年生の時に北京で採用している日本の企業を探して、面接に行きました。

——那你爸妈没有反对吗？家里就你一个女儿，对不对？

では、ご両親の反対はなかったんですか？ 張さんは一人娘ですよね？

家里我爸妈看来我是一个野姑娘[3]，所以都是放任我，让我自己负责，选择自己的路。

両親からすると私はおてんば娘だったので、放任主義で、私自身に責任を持たせ、自分の道を選ばせたんです。

——哦，那还蛮[4]难得的。不过日本靠中国比较近，我听说很多中国父母，就是小孩子去日本还可以，但是去欧美的话，可能心里头会有一些犹豫。

なるほど、とても珍しいですね。でも日本は中国と近いので、中国の親は子どもを日本に行かせるのはいいけど、欧米だとためらいがあると聞いたことがあります。

---

[1] 有很多大公司~：話しながら足りない情報を補っている。正しくは"参加了很多大公司的实习"。
[2] 去一些面试参加：正しくは"去参加一些面试"
[3] 野姑娘：おてんば、話を聞かない女の子（="野丫头, yěyātou"）
68　[4] 蛮：とても〔"挺""很"の口語表現、方言〕

对，爸妈也是因为日本又是近嘛，又可以办多年往返签证儿[5]，所以他们……其实我刚考[6]来日本的时候，办了有往返签证，每年来玩儿两三次，所以基本我在北京工作的话和在日本工作的话，对他们来说可能区别不太大。

そうですね。両親から見ると日本は近くて、数年にわたって日本と中国を自由に行き来できるビザを申請できます。実際私が日本に来たばかりの頃、その往復ビザを申請して毎年数回遊びに来てもらっていたので、基本的に私が北京で仕事をしていても日本で仕事をしていても、両親にとって違いはあまり大きくないと思います。

——爸爸妈妈喜欢日本吗？能适应日本的饮食吗？

ご両親は日本がお好きなんですか？　日本の食事に慣れていますか？

嗯，我爸可[7]喜欢吃刺身，我妈特别喜欢吃和牛烤肉。

はい、父は刺身が大好きで、母は和牛の焼肉が特に好きなんです。

——和牛烤肉啊，好高级啊（笑）

和牛の焼肉ですか、高級ですね（笑）

对，爸妈每次来东京玩儿的时候，总要[8]点名[9]去新宿这家烤肉店吃和牛，去银座这家店吃刺身。

そうなんですよ。毎回両親が東京に遊びに来るたびに、新宿や銀座の店を指定して焼肉や刺身を食べに行きます。

——他们还挺会①生活的。

ご両親は生活を楽しんでいるんですね。

对，比我会吃。

そうなんです。私よりグルメです。

——我知道你来日本以后又换了一家公司，那换公司也就是跳槽[10]的主要原因是什么呢？

張さんは日本に来てから転職されたそうですが、転職のおもな理由は何だったんですか？

[5] 多年往返签证(儿)：数次短期滞在査証、期間内ならば何度でも来日できる
[6] 刚考："刚刚"の言い間違い　[7] 可：かなり、相当〔口語〕　[8] 总要：いつも～しようとする
[9] 点名：指名する　[10] 跳槽：転職する

主要当时还是因为工资不太高，第一家公司。

最初の会社は給料があまり高くなかったのがおもな理由です。

——哦，工资是主要因素。

なるほど、お給料が理由ですね。

是的是的。

はい、そうです。

——那到了这家公司以后，是不是都挺满意的？

では今の会社に転職してから、いろいろな面で満足しているんじゃないですか？

嗯，主要是工资还是很满意，毕竟咨询公司¹¹在日本的工资水平算是比较高的嘛。在国内也是，中国国内也是。跟第一家比，工资几乎翻了番②，所以……

はい、給料面では満足していますが、何せコンサルティング会社は日本の給与水準の中でも高いほうじゃないですか。国内でもそうですよ、中国国内でも。最初の会社と比べて給料はおよそ2倍になったので……

——两倍啊，两倍。

2倍ですか。

对对对。

ええ、そうです。

——但是工作会不会非常地紧张？

でも仕事は忙しくなったんじゃないですか？

肯定的。责任也重，工资更高，就说明公司工作的强度会比第一家更大。

もちろんです。責任も重くなり、給料が高いということ自体が、最初の会社よりも仕事が大変ということを物語っています。

——那主要一般是负责什么样的工作呢，我可以问一下吗？

では、おもにどんな仕事を受け持っているか、聞いてもいいですか？

---

¹¹咨询公司：コンサルティング会社

70

咨询公司简单而言[12]就是替客户解决他们觉得很棘手[13]的问题。就比如说我现在主要是负责人事方面的咨询，我的客户很多是一些大企业的比如说人事部部长或是社长。他们可能公司内部存在一些人事制度上的问题或是公司企业文化上的问题需要解决，但是这些问题在公司内部很难找到一个明确的答案，或者说公司内部各种权利关系牵扯[14]，不好解决。这种时候需要第三者[15]的咨询公司来替他们从客观的角度梳理[16]一下存在什么问题，如何解决这件问题的一些解决方案。

——就是"旁观者清"这种感觉。

对，现在我觉得就是有一个倾向多的就是，比如说六十岁、六十五岁退休之后的人，以前就是退休发退休金，让他们回家养老[17]，但现在呢，可能是说六十五岁以上的人也要让他们发挥余热[18]，或者是……

コンサルティング会社は、簡単に言うと、クライアントにとって厄介な問題を代わりに解決します。たとえば私は今、おもに人事のコンサルティングを担当しているのですが、私のクライアントの多くが大企業の人事部長や社長なんです。企業内部の人事制度上で生じる問題や企業のカルチャー上の問題を解決する必要があるのでしょう。しかし、こういった問題は社内で一つの明確な答えを見つけ出すのが難しい、あるいは社内のさまざまな利権が関係して、解決しづらいのです。こんな時は第三者のコンサルティング会社が、代わりに客観的に見てどんな問題があるのか整理し、どう解決していくかソリューションを提案します。

つまり「岡目八目」みたいな感じですね。

はい。今よくある傾向として、たとえば60歳や65歳の人が定年退職した後、以前は退職したら退職金が支払われて老後の人生を楽しんでいましたが、今は65歳以上の人でも持っている力を発揮させるために、あるいは……

---

[12]简单而言／简单来说：簡単に言うと　[13]棘手：厄介な
[14]牵扯：影響する、関係する（ここでは「しがらみ」というニュアンス）
[15]第三者：第三者。ただし「不倫相手」を指すことも多いため、"第三方"を使うほうが無難。
[16]梳理：整理する　[17]养老：隠居する、老後を楽しむ　[18]余热：余熱、ほとぼり。中国語ではよく定年退職者の経験やスキルを活かすという意味で"发挥余热"と言う。

——再雇用，哈[19]。

对，再雇用之类的。然后如何设计这个再雇用的制度，给他们什么样的工资水平，让他们分配做什么样的工作，才能更好地为公司做贡献，本人也能觉得自己发挥自己的能力，然后也能工作得很开心。这种制度设计和文化设计其实最近的案件挺多的。

再雇用、ですよね。

はい、再雇用とか。その再雇用制度をどう設けるか、彼らにどんな水準の賃金を与えるのか、どんな仕事をさせるのか。どのようにして彼らがより会社に貢献でき、本人も自分の能力を発揮できて、さらに仕事が楽しめるようにするのか。こんな制度設計やカルチャー設計が、実際のところ最近の案件では非常に多いです。

[19]哈：“啊”の俗語で、ここでは相手に確認する「〜ですよね」というニュアンス

——你有没有觉得特别是在人事的方面啊，因为你做是人事的，在人事制度上中国跟日本有没有存在一些不同的地方呢？

特に人事について、張さんは今、人事の仕事をしているので、人事制度において中国と日本で異なるところはありますか？

我觉得在比如说签约，雇佣一个员工签约的时候，其实很多日本公司虽说终身雇佣制，已经不太固执了吧，但是他们还是会选择跟员工签终身雇佣合同。但是在中国比较普及的还是合同工[20]，一年一签、三年一签、五年一签，这种合同制度。因为中国公司的变化真的很快，都不可能是把一个人放在同一公司里，让他用到退休，所以大家也习惯了经常跳槽、经常换公司，在一个公司里签三年，干好之后比如说很难给他升到一个好的岗位[21]的话，他会跳别的公司，再去谋求[22]更好的发展，这个公司中国很常见。

たとえば契約です。ある従業員と雇用契約をする時、たしかに多くの日本の会社はもう終身雇用制度に固執してはいませんが、それでも従業員と終身雇用契約を結ぶのです。けれど、中国は有期労働契約がわりと普及しています。１年契約、３年契約、５年契約といった契約制度です。これは中国の会社の変化はすさまじく速いもので、従業員をずっと同じ会社で定年退職まで雇い続けることができないため、みんなもしょっちゅう転職することに慣れているのです。１社で３年契約して、契約満了を迎えたあと、たとえば昇進しづらいようであれば別の会社に転職し、キャリアアップを求めます。そういう会社は中国ではよく見られます。

——那这样一来的话，我就觉得中国这些大学生啊，他们的竞争压力就比较大。我的印象中就是中国的大学的学生基本上就是每天都要学习，他们，对他们来

そうなると、中国では大学生がさらされる競争の圧力はかなり大きいと思いますね。私の印象では中国の大学生は基本的には毎日勉強します。彼らにとって勉強は非常

---

[20] 合同工：契約労働者　[21] 岗位：職場　[22] 谋求：追及する、求める

73

说，学习是非常重要的，好像为此都没有什么太多的玩儿啊，或者打工的机会。但是呢，日本的学生给我的感觉就是一上了大学，打工啊，还有各种就是团体活动啊，好像很丰富的样子啊。

现在中国流行一个词叫"内卷[23]"嘛，从大学就开始内卷，大家互相竞争。大学的时候就是，比如说比[24]大家去了哪些大公司做实习，然后参加过哪些校内活动，参加过怎么样的，有什么样的，比如说获过什么奖，拿过什么奖学金。这都是中国大学生经常在内部比较、竞争的一个要素。我留学的时候，确实是像你说的[25]，我觉得日本的学生真的挺会玩儿的，下了课不是说去参加什么实习，而是去冲向酒吧，去喝酒去陪养人际关系啊之类的。也可能是因为日本社会的竞争没有中国那么激烈，也可能真的是因为中日两国大学生的就业观不同，导致[③]的这些差别，我觉得有可能。

比如说日本大学生可能大多数人毕业还是选择进一家好的公司，然后

に重要で、ほかに遊んだりアルバイトをしたりするチャンスはまるでないようです。でも日本の大学生は、アルバイトをしたり、さまざまなサークル活動をしたり、バラエティに富んでいるように思います。

中国では今「内卷」という言葉が流行っているんですよ。大学の時から内部競争が激化して、みんな互いに競い合っているんです。大学の頃は、たとえばどの大企業にインターンシップに行ったか、どの校内活動に参加してどうだったか。どんな賞をとったことがあるとか、奨学金をもらったことがあるとか。これはみんな中国の大学生の中ではよく見られる内部競争の要素です。

私が留学していた頃、おっしゃるように日本の大学生は本当に遊び上手でした。放課後はインターンシップではなくバーに行って酒を飲み、人脈を築いたりしていました。日本社会の競争が中国ほど過激ではないというのと、日中の大学生の就職に対する価値観が本当に違うので、こんな違いが生まれるのだと思います。その可能性はあると思いますよ。

たとえば、日本の大学生の多くが卒業後は優良企業に入って長期的に仕事をしていき、ダメだったら

---

[23] 内卷：内部競争が激しい〔近年の流行語〕　[24] 比：比べる、競争する

74　[25] 像你说的：おっしゃる通り

长期干下去，不行再跳槽。我觉得中国的大学生可能选择得更广，有的人可能会选择毕业就去创业，有的人可能会选择去一家初创公司[26]，先自己打拼[27]几年，然后再比如说创业。有一部分人当然会选择去比如说稳定的大企业、国企，或是做公务员。

那对于中国的学生来说，他们有更多更广的选择，而且中国的雇佣制度也不像日本那样稳定，没有什么所谓的[28]，很少有所谓的终身雇佣，大多数合同工是定期会……比如说炒掉[29]你，或者说因为你成绩不好就炒掉你，这种情况都是常见的。所以可能不管是大学生还是就是走入社会之后的中国年轻人，他们可能面临的压力，有可能比日本的年轻人要更多，而且在婚恋呀，买房啊，这些来自家庭的压力也很大，所以导致他们在大学时代就开始不停地竞争、不停地学习。

——在某种意义上讲，这些压力就变成了他们的动力。

对。

転職しますが、私は中国の大学生はもっと幅広い選択肢の中から選んでいると思います。卒業後に起業する人もいれば、創業したばかりの企業に入社し、数年間がんばってから、たとえば起業する人もいます。もちろん安定している大企業、国営企業もしくは公務員を選ぶ人もいますよ。

中国の大学生には多様な選択肢があって、さらに中国の雇用制度は日本みたいに安定しているものではありません。いわゆる終身雇用はほぼなくて、ほとんどの契約労働者は雇用期間が決まっており、たとえば「解雇する」とか、「個人の業績がよくないから解雇する」と言われています。これらはよくある光景です。

ですから、大学生であろうと社会人の若者であろうと、日本人の若者よりプレッシャーに直面することが多いかもしれません。さらには結婚や住宅の購入といった、家族からのプレッシャーも大きいので、彼らは大学時代から絶えず競争し、勉強しているのです。

ある意味このプレッシャーが彼らのモチベーションになっていますよね。

そうですね。

---

[26]初创公司：スタートアップ企業　[27]打拼：（生活や事業のために）がんばる
[28]所谓(的)：いわゆる　[29]炒掉：解雇する〔口語〕

DATA

- 张本 Zhāng Běn
  出身：福建省・福州市
  年齢：50代
  職業：行政書士事務所勤務

仕事では、外国人のビザ取得などのサポートをしているそうです。日本生活が長く、お子さんも日本育ち。発音には福建人らしい特徴が表れています。

🔊 ウォーミングアップ   ⬇ **DL 20**

音声を聴いて空欄を埋めましょう。

1）那时候【① 　　　　　】来日本的人就陆陆续续多了吧，
【② 　　　　】过来的人。

2）这方面的工作【① 　　　　　】做了二十，加起来有二十，
【② 　　　　　　】吧。

3）作为我们来说，【① 　　　　】把事情办【② 　　　　】的话
也有成就感吧。

4）就是说日本人他就不太喜欢去【① 　　　　】别人，中国这
方面人情味【② 　　　】比较重的，我觉得。

5）因为她毕竟在日本【① 　　　　】的，所以跟她说这种情况，
她们也【② 　　　　　】就是说能够完全理解得了。

☑ 内容確認

インタビュー全文はp.81にありますが、できるだけ見ないで答えてください。

▸ インタビューpart 1を聴き、次の文が内容に合っていれば〇、
そうでなければ×を選びましょう。　　　　　　　　　　　　（⬇ DL 21）

1）張本さんは夫より先に来日した。　　　　　　　　　　〇　×

2）張本さんは来日前に大学で日本語を勉強していた。　　〇　×

3）張本さんは行政書士事務所で働いて20年になる。　　　〇　×

▸ インタビューpart 2を聴き、次の文が内容に合っていれば〇、
そうでなければ×を選びましょう。　　　　　　　　　　　　（⬇ DL 22）

4）張本さんの子どもたちは中国育ちである。　　　　　　〇　×

5）張本さんの子どもは日中バイリンガルである。　　　　〇　×

Point　　同じ福建出身の陳さん(p.18)に比べると、張さんは若干訛りが目立ちます。福建の訛りには次のような特徴があります。

①特に語尾に行くにつれて、イントネーションが下がる傾向がある。

②軽声はあまり使われない。たとえば張さんは、"客人"の"人"を第2声で発音している。

③次のような発音の混同・変化がある。

・-n/-ngの混同

・er → e

・r/lのほか、巻舌音と舌歯音など、子音の混同

・ju → ji、xu → xi(張さんの場合、"許"がxī、"居"がjī に聞こえる)

張さんは日本生活が長いため、日本語の影響も強く、特に専門用語では、「不許可」のような日本語をそのまま中国語読みしていることがあります。

① 到~为止

"为止"は「～まで」を意味します。"到~为止"で「～まで」という意味になります。

到现在**为止**已经三十三年了。
Dào xiànzài wéizhǐ yǐjīng sānshisān nián le.
現在までに、すでに33年経ちました。

我的工作薪水不高，但是**到**目前**为止**还算稳定。
Wǒ de gōngzuò xīnshuǐ bù gāo, dànshì dào mùqián wéizhǐ hái suàn wěndìng.
私の仕事は給料は多くないが、今のところまだ安定していると言えます。

我们的关系就**到**此**为止**吧。
Wǒmen de guānxi jiù dào cǐ wéizhǐ ba.
私たちの関係はこれで終わりにしましょう。

- -

② 各A各B

A・Bが名詞の場合、「それぞれのA、それぞれのB」、つまり「種々さまざま」という意味になります。"各种各样""各型各色"などは定型表現としてよく使われます。Aが動詞の場合は「それぞれがそれぞれのBをAする」という意味です。

来日本的外国人很多，**各种各样**的人都有。
Lái Rìběn de wàiguórén hěn duō, gè zhǒng gè yàng de rén dōu yǒu.
来日する外国人は多く、さまざまな人がいる。

您也看到了**各形各色**的日本人和日本文化。
Nín yě kàndàole gè xíng gè sè de Rìběnrén hé Rìběn wénhuà.
さまざまな日本人と日本文化を目にしたと思います。

这两个人工作内容不同，他们**各管各**的，互不干涉。
Zhè liǎng ge rén gōngzuò nèiróng bù tóng, tāmen gè guǎn gè de, hù bù gānshè.
この２人の仕事内容は異なり、それぞれが自分の仕事に取り組み、お互いに相手に干渉しない。

- -

③ 有所～

２音節の動詞など一定の言葉の前に用いて「いくらか～」、「ある程度～する／～である」という意味を表します。

他们各方面的条件都不一样，有所不同。

Tāmen gè fāngmiàn de tiáojiàn dōu bù yíyàng, yǒu suǒ bù tóng.

彼らはさまざまな面で条件が異なり、違いがある。

在双方的努力下，两国关系有所改善。

Zài shuāngfāng de nǔlì xià, liǎng guó guānxi yǒu suǒ gǎishàn.

双方の努力の甲斐あって、両国の関係はある程度改善した。

尽管遭受了台风的袭击，但温室蔬菜价格依然保持稳定，甚至有所下降。

Jǐnguǎn zāoshòule táifēng de xíjī, dàn wēnshì shūcài jiàgé yīrán bǎochí wěndìng, shènzhì yǒu suǒ xiàjiàng.

台風による打撃を受けたものの、ビニールハウスの野菜の価格はなおも安定を保ち、多少下落さえした。

- -

④ 只要A就B

「Aさえすれば B」という意味。"就"を強調する意味で加えることも多いです。

只要你资料齐全的话，基本上受理起来就比较方便。

Zhǐyào nǐ zīliào qíquán de huà, jīběn shang shòulǐqǐlai jiù bǐjiào fāngbiàn.

書類さえ揃えば、基本的には受理してもらえ、とても便利です。

只要做好准备，我们就不用太担心地震。

Zhǐyào zuòhǎo zhǔnbèi, wǒmen jiù búyòng tài dānxīn dìzhèn.

きちんと準備をしておけば、地震を過度に心配する必要はない。

这家餐馆的菜肴色香味俱全。只要有朋友来玩，我就会带他们去这家店吃饭。

Zhè jiā cānguǎn de càiyáo sè xiāng wèi jùquán. Zhǐyào yǒu péngyou lái wán, wǒ jiù huì dài tāmen qù zhè jiā diàn chīfàn.

このレストランは料理の味も彩りも素晴らしい。友だちが遊びに来ると、私はここへ連れてきます。

- -

⑤ 比起A来说

「Aに比べると〜」という表現です。"比起"を"相比"に置き換えても意味は変わりません（p.20参照）。

比起日本人来说，中国人更加好客。
Bǐ qǐ rìběn rén lái shuō, zhōngguó rén gèngjiā hàokè.
日本人に比べると、中国人のほうがよりお客さんをもてなすのが好きだ。

比起他的发言，你说的更有道理。
Bǐ qǐ tā de fǎ yán, nǐ shuō de gèng yǒu dàolǐ.
彼の発言に比べると、あなたの言っていることのほうが筋が通っている。

比起棒球运动员，乒乓球运动员更加重视反射弧。
Bǐ qǐ bàngqiú yùndòngyuán, pīngpāng qiú yùndòngyuán gèngjiā zhòngshì fǎnshè hú.
野球選手に比べて、卓球選手はさらに動体視力を重視する。

——张本女士您好。

張本さん、こんにちは。

你好。

こんにちは。

——是这样啊，就是说，您是……先简单地介绍一下您来日本的经过，好吗？

では、張本さんの……まず簡単に日本へ来た経緯を教えてください。

我是1988年9月，从中国福州来日本的。

私は1988年9月に中国の福州から来ました。

——1988年9月。

1988年9月ですか。

对。已经，到现在为止①已经三十三年了吧。

そうです。もう33年になりますかね。

——那很早以前了，三十多年前的日本，对吧？

じゃあだいぶ前ですね、30年以上前の日本ですよね？

那时候日本的经济应该是最盛期¹吧，就是最好的时候。

その頃の日本の経済はたぶん最盛期と言うか、一番よかった頃だと思います。

——发展得最好的时候，很多人都憧憬²着来日本。

最も発展していた時で、多くの人が日本に来ることに憧れていましたね。

嗯，那时候应该来日本的人就陆陆续续³多了吧，留学过来的人。

そうです。あの頃は日本へ来る人、留学で来る人がだんだん増えていったんじゃないでしょうか。

¹最盛期：“最繁荣的时期”“巅峰时期”などの表現が一般的だが、日本語の「最盛期」を使用している。　²憧憬：憧れる　³陆陆续续：次々と、次から次へと

——对对对。那您是学了日语以后来的吗？还是到日本以后再学的？

そうですね。では、張さんは日本語を学んでから来たんですか？それとも日本に来てから勉強したんですか？

就是来日本以前，在夜校有学过[4]几个月吧。

日本に来る前です。夜間学校で数か月勉強しました。

——当时有工作吗？

当時仕事はしていましたか？

当时有工作的。

していました。

——哦，在中国已经工作了。

そうなんですか、中国ですでに仕事をしていたんですね。

对，工作以后就是夜校，当初我先生他先过来，来日本以后，所以长期分居也不是一个办法，所以当初就准备一起过来。

ええ、仕事のあと夜間学校に通っていました。まず夫が先に日本に来ていましたが、その後、ずっと別居しているのはよくないので、最初から一緒に来る準備をしていました。

——就把您叫过来了。

(旦那さんが)張さんを呼びよせたんですね。

对。

そうです。

——然后您就事先先在夜校学一些日语。

それで、前もって夜間学校で、日本語を少し学んだわけですね。

学一些简单的日语吧，然后再在日本的日语学校学习。

簡単な日本語を勉強して、その後日本の日本語学校で勉強しました。

---

[4] 有学过：動詞句の前に"有"が入るのは南方地域の特徴。

——那学了日语以后，有没有在日本上大学啊，或者去考一个什么其他学校？

では日本語を学んだあと、日本の大学に進学したり、ほかの学校を受験したりしなかったんですか？

哦，在日本大学就是研修生去学了一下，然后就直接在日本就职了。

そうですね、日本の大学で研修生として少し学びました。その後そのまま日本で就職しました。

——是进的什么样的一个公司呢？

どんな会社に就職したんですか？

在行政书士事务所当辅助员吧。

行政書士事務所の補助員になりました。

——当辅助员？

補助員になったんですか？

对，就是有关外国人的签证啊，各方面的这些资料的作成[5]，然后帮助行政书士，辅助他把资料完成。这方面的工作大概做了二十，加起来有二十，二十多年吧。

はい。外国人のビザに関連する仕事で、各分野の資料を作成したり、それから行政書士を手伝ってその資料を完成させたりします。この分野の仕事はだいたい20年、合わせると20年以上になると思います。

——一做就做了二十多年啊。

20年以上もしていたんですね。

对。

はい。

——看来是您喜欢的工作，是不是？

ということは、好きな仕事なのでしょうね。

是我比较喜欢的。因为这方面外国人接触得也比较多，各种各样[②]的人都有，所以他们的各个情况都有不

たしかにわりと好きですよ。この分野の仕事は外国の方と関わる機会が多くあります。いろんな方がいるので、状況もそれぞれ異なり

---

[5] 作成：中国語では"制作"が適切。

同的地方，就各个人的处境[6]、各方面的条件和他的学历和职历都有不一样，有所不同。那么他的各种签证的种类就有所不一样，所以他，有的就很简单地就能够变更过来，有的就是比较复杂的话，有的几次申请不许可[7]以后他在最后能够成功。比如说小孩上课也在这里，一家五口人呢，或者什么……

ます。個人の境遇やさまざまな条件だったり、学歴・職歴だったりが異なるんです。そのビザの種類もそれぞれに違うので、とてもスムーズに変更できることもあれば、複雑な場合は何回申請しても許可されず、最後にやっと通ることもあります。たとえば、子どももここで学校に通うとなると、1家族5人とか……

——不容易啊。

大変なことなんですね。

对，所以最后能够留下来的话，他们也觉得非常……

そうなんです。だから、最終的に（ビザが発給されて）残ることができた時、彼らはとても……

——很开心。

うれしい。

很开心，作为我们来说，能够把事情办成功的话也有成就感吧。

うれしいです。我々にとっても申請業務が成功した時には達成感があります。

——嗯。

なるほど。

---

[6] 处境：境遇、立場
84　[7] 申请不许可：中国語では"不成功／申请不下来／申请不过关"などの表現が適切。

——那最后问您一个问题，就是您来日本已经有三十多年了，在这三十多年中就是您也看到了各形各色的这个日本的人、日本的文化，您个人觉得中日之间啊，就是对你觉得最大或者是最有意思的不同点在哪里呢？

では最後の質問です。張本さんは日本にいらしてもう30年以上が経ちますが、この30年以上の中で、張本さんもさまざまな日本人や日本文化を見てきたかと思います。張本さん自身、日中間で一番大きな、もしくは一番おもしろい相違点はどこだと思いますか？

我觉得如果在日本办事起来的话，在各个区役所啊，各方面只要④你资料齐全⁸的话，基本上受理起来就比较方便，就是比较简捷，而且它所需要的资料都是公开化的，所以说办起事来比较方便。

但如果是中国方面的话，就是中国人各方面就是说在人情世故⁹啊，家庭观念这方面的话，比起⑤日本人来说，有的即使¹⁰跟隔壁也是老死不相往来¹¹的这种情况还是很多的，所以中国在各个方面比如说邻居各方面比如交往啊，串客¹²啊，比如邻居在家里坐一坐啊，或者什么，在日本三十多年如果即使是邻居的话，虽然跟你非常客气，每天都点头，跟你就是打招呼，但是如果有什么事，

たとえば日本で業務の処理をする時、それぞれの区役所では各種資料さえそろっていれば受理されやすく、比較的スムーズにいくところだと思います。さらに必要な資料はすべて公開されているので、業務を処理するには比較的便利です。

でも中国では、中国人の人間関係や義理人情、家庭観は日本人と比べてみると……日本人はお隣りでもずっと付き合いがないみたいな状況もやはり多いですが、中国ではご近所といろんな付き合いがあったり、たとえばご近所でお茶をしたり、お宅にお邪魔したりなんてこともあります。日本に30年以上いますが、たとえお隣りさんが非常に礼儀正しくて、毎日会釈して挨拶してくれても、何か用があった場合は基本的に玄関で立ち話をするだけで、家に招き入れておしゃべりすることは少ないです。

---

⁸齐全：そろっている   ⁹人情世故：《成語》人情と世間の事情、義理人情
¹⁰即使：たとえ〜としても。"即便"と同じく"也"などと呼応することが多い。
¹¹老死不相往来：《成語》何らの付き合いもない   ¹²串客：よその家に立ち寄る（＝"串门"の方言）   85

他基本上都站在门口跟你聊聊天啊，很少把你请到家里去跟你聊天的。

——明白。这个，人跟人的距离感不一样。

わかります。人と人の距離感が違いますよね。

对，就是说日本人他就不太喜欢去麻烦别人，中国这方面人情味还是比较重的，我觉得。

はい、日本人は他人に迷惑をかけるのがあまり好きではないですが、中国はそういった面で人情に厚いと思いますよ。

——对对对，你有可能会觉得它很烦，但也有可能会觉得它很温暖啊。

そうですね。面倒と思う時もあれば、温かみを感じる時もあるのではないですか？

嗯，对，这种情况，这方面跟小孩说，她有的时候很难理解中国的。

んー、そうですね。この話を子どもにすると、子どもは中国を理解しにくい時もあるようです。

——哦，是吗？

へえ、そうなんですか？

对，因为她毕竟在日本生长的，所以跟她说这种情况，她们也不一定就是说能够完全理解得了。

ええ。結局子どもは日本で生まれ育っているので、こんな話をしても全部を理解できるわけじゃないんです。

——她习惯了日本的这种距离感了。

お子さんは日本のこの距離感に慣れてしまっているんですね。

对，所以说这方面一下子叫她接受可能也完全接受不了。她基本都是日化[13]了，小孩在这里出生的话，对。

そうなんです。ですから、こういうことを子どもに言ってもすぐには受け入れられないと思います。日本で生まれた子どもは基本的に日本化しているので。

[13] 日化：日本化する

——挺好的，也挺好的。她可以，她现在是双语人材[14]，她可以接触两种文化嘛。她会有她的感想的。

いいですね、それもいいと思います。お子さんはバイリンガルですから2つの文化を受け入れることができるんじゃないですか？　お子さんにはお子さんの思うことがありますよ。

对，就是所以中国人情况，人性方面的话，还是，大家，我觉得还是中国这方面还是不错的，还应该是继续下去比较好。

そうですね。中国人のことで言うと、やっぱりみんなの、中国のこの人間関係は素晴らしいと思います。維持できるなら、このまま維持していったほうがいいと思いますよ。

——有些该保持的就保持。

残すべきことは残していくと。

对，保持中国这方面的传统吧。

ええ、中国のそういう伝統を守っていくべきだと思います。

——知道了，谢谢您。

わかりました、ありがとうございました。

好，不用谢，好。

いえ、どういたしまして。

---

[14] 双语人材：バイリンガル

DATA

・薛家明　Xuē Jiāmíng
出身：重慶市
年齢：40代
職業：不動産業

中国内のさまざまな地域で暮らした経験がある薛さんは、特定の土地にこだわる感覚がないようです。勢いよく話す様子から、快活な人柄が伝わってきます。

🔊 ウォーミングアップ　　　　　　　　　　　⬇ DL 23

音声を聴いて空欄を埋めましょう。

1）东西都准备好了，然后要临【①　　　　】之前突然就
　【②　　　　】了。

2）第一个【①　　　　】啊，是想让我的小孩儿在日本接受
　【②　　　　】。

3）就是说我的家【①　　　　】就有一所学校，但是我
　【②　　　　】，我的小孩儿还不能进去。为什么呢？

4）除了上海人自己【①　　　　】之间是说上海话之外，
　【②　　　　】所有人都是普通话。

5）我到这个日本来生活【①　　　　】没有这个问题，完全没
　有问题，完全没有这种说是【②　　　　】这种感觉，没有的。

☑ 内容確認

インタビュー全文はp.92にありますが、できるだけ見ないで答えてください。

▶ インタビューpart 1を聴き、次の文が内容に合っていれば〇、
そうでなければ×を選びましょう。 ⬇ DL 24

1）薛さんには子どもがいる。	〇	×
2）薛さんは小学校3年生の時に来日した。	〇	×
3）薛さんは来日する前に日本に来たことはなかった。	〇	×
4）薛さんは現在、不動産関連の仕事をしている。	〇	×

▶ インタビューpart 2を聴き、次の文が内容に合っていれば〇、
そうでなければ×を選びましょう。 ⬇ DL 25

5）薛さんは四川にも上海にも、北京にも住んだことがある。	〇	×
6）薛さんは上海の戸籍を持っている。	〇	×

Point 　薛さんの発音はきれいで、四川地域の訛りはありません。ただ、イントネーションや話し方の癖などからは、これまでに暮らしたいろいろな地域の影響が感じられます。勢いよく話すので情報量は多いですが、"呢"や"这个"などを挟んでフレーズが短く区切られるため、比較的聞きとりやすいでしょう。

① 因为~的关系

「～の関係で」「～の都合で」と、理由・原因を表す表現です。

因为工作的关系，每年都会来一两次日本。
Yīnwèi gōngzuò de guānxi, měinián dōu huì lái yì liǎng cì Rìběn.
仕事の都合で、毎年1～2回は日本に来ます。

因为我妈的关系，我九个月的时候就到北京了。
Yīnwèi wǒ mā de guānxi, wǒ jiǔ ge yuè de shíhou jiù dào Běijīng le.
母の都合で9か月の時に北京に行きました。

不同国家的主食不同是因为水土的关系。
Bùtóng guójiā de zhǔshí bùtóng shì yīnwèi shuǐtǔ de guānxi.
それぞれの国の主食が違うのは、風土が違うからです。

② 面向~

「～に向ける、向かう」という意味の動詞です。

公司面向中国客户提供咨询。
Gōngsī miànxiàng Zhōngguó kèhù tígōng zīxún.
会社は中国の顧客向けにコンサルティングを提供している。

两国应发展面向未来的战略伙伴关系。
Liǎng guó yīng fāzhǎn miànxiàng wèilái de zhànlüè huǒbàn guānxi.
両国は将来に向けた戦略的パートナーシップ関係を発展させるべきである。

我想拥有一座面向大海的房子。
Wǒ xiǎng yōngyǒu yí zuò miànxiàng dàhǎi de fángzi.
私は海に面したところに家を持ちたい。

③就近

「最寄りで、近所で」という意味の形容詞です。

如果没有户口，小孩不能就近入学。

Rúguǒ méiyǒu hùkǒu, xiǎohái bù néng jiùjìn rùxué.

(その地の)戸籍がなければ、子どもは最寄りの学校に入学できない。

你在我家吃晚饭吧，我就近买点儿熟菜回来。

Nǐ zài wǒ jiā chī wǎnfàn ba, wǒ jiùjìn mǎi diǎnr shúcài huílai.

私の家で夕飯を食べていって。近くで惣菜を少し買ってきます。

天气很好，我们去就近的公园赏了花。

Tiānqì hěn hǎo, wǒmen qù jiùjìn de gōngyuán shǎngle huā.

天気がとてもよいので、近くの公園にお花見に行ってきた。

---

④除了…（之外／以外）

「～以外」「～を除いて」という意味で、文頭で使われることも多い表現です。

除了上海人说上海话之外，其他人都是说普通话。

Chúle Shànghǎirén shuō Shànghǎihuà zhī wài, qítā rén dōu shì shuō pǔtōnghuà.

上海の人が上海語を話すのを除いて、ほかの人はみんな標準語を話していた。

下周我除了周三都有空。

Xià zhōu wǒ chúle zhōusān dōu yǒu kòng.

来週は水曜日以外、いつでも時間があります。

失眠除了压力大之外，还有很多其他原因。

Shīmián chúle yālì dà zhī wài, hái yǒu hěn duō qítā yuányīn.

プレッシャーが大きいこと以外にも、不眠症はさまざまな原因によって起こる。

——就是今天呢，我想先问第一个问题是什么呢，就是，按照常规¹，您是什么时候来日本的，是为什么要来日本的，可以跟大家介绍一下吗？

今日まずお聞きしたいのは、いつも通りの質問ですけれども、いつ、どうして日本にお越しになったんでしょうか？　皆さんに教えていただけますか。

可以的，我来日本呢，到今年正好是10年了，因为这个工作的关系①呢，因为一直在日本商社，所以的话，以前呢，每年也都会来个日本来一两次，然后呢，就是到日本来长住²呢，就是从2011年的十月份开始的。

はい。私が日本に来たのはちょうど10年前、仕事の関係です。ずっと日本の商社で働いていました。ですからそれまでは毎年1～2回日本に来ることがありました。その後日本に定住しています。2011年10月からです。

——2011年的十月份开始，正好是那时候大地震刚刚……

2011年の10月というのはちょうど大地震の……

对，正好是大地震之后。其实本来的话呢，应该是三月份来的，啊，东西都准备好了，然后要临出发之前突然就地震了，所以呢，因为这样的话呢，推迟了半年多的时间。

そうです。ちょうど大地震のあとです。本来は3月に来る予定でした。すべての準備が整ったところで、出発の直前に突然地震が起きたんです。それで半年以上遅れてしまったんです。

——那您现在是做什么样的一个工作呢？

現在は日本でどのようなお仕事をなさっているんですか？

我现在的主要的这个工作的话呢，

現在のおもな仕事は不動産業です。

---

¹常规：いつものやり方　　²长住：定住する

是在不动产公司，然后呢，现在跟朋友一起呢，就是在这个东京有一家这个就是不动产的中介公司，主要是面向②这个中国客户，给他们提供这个就是租房和买房的这个，就是咨询。

然后呢就是说这个，就是，为什么我要到日本来，其实呢，就是说这个，第一个原因啊，是想让我的小孩儿在日本接受教育。我小孩儿在这个就是国内呢，是读到小学三年级。读到小学三年级，结果呢，就是对于我来说，就是实在是忍无可忍³了。

——为什么？

实在忍无可忍了，为什么呢？这就涉及到中国的教育体制这个问题。比如说有一次她就是拿一个作业回来，就是"看图说话"，那么你看这个图，你有什么想法，你看到什么东西，你把它描述出来，呃⁴，然后呢，就是她呢，看着这个图，她就是按照自己的想法就写了这样一个东西出来，我觉得挺好的，图

それから友人と一緒に東京で不動産の仲介業をしています。おもに中国の顧客に対して、不動産の賃貸や購入などのコンサルティングの仕事をしています。

なぜ日本に来たかという質問ですけれど、じつは一番の理由は子どもに日本の教育を受けさせたいと思ったからです。子どもは中国国内で小学校3年生まで通いました。3年まで小学校に通った結果、私にとっては、どうしても我慢できなくなったんです。

なぜでしょうか？

本当に我慢の限界です。なぜかと言うと、それは中国の教育制度の問題に関係しています。たとえば、ある時、娘が宿題を持ってきました。「絵を見てお話を考えなさい」というものです。その絵を見てどのような考えを持ったか、絵の中で何を見つけたか、それを描写しなさいって。娘はその絵を見て、自分で考えて作文を書き、私はすごくいいと思いました。絵の意味も理解していたし、作文も書けました。自分の考えもちゃんと述べてありました。しかし、提出した

---

³忍无可忍：《成语》これ以上我慢できない、我慢の限界を超えた
⁴呃："嗯"と同様、考えながら話す時に使う。日本語の「えーと」のような語。

的意思也看懂了，对嘛，也说出来了，自己有什么想法也说了。结果呢，交上去以后啊，老师说呢，这样不行。

——为什么？

为什么不行呢？说呢，这个东西啊，如果是这样写，是拿不了高分儿的，要按照一个标准的写法。那么，这样的标准写法是能够让你得高分儿的。

——是这样。

所以的话呢，就是说，你从这一点你可以看得出来啊，就是国内啊，并不鼓励小孩儿有自己的思想的。我是希望呢，这个教育要让小孩儿有自己的思想。
还有呢，希望他们能够快乐的。中国的小孩儿都不快乐，为什么不快乐？首先一大堆作业，一大堆的作业，回来要做到九点钟十点钟甚至更晚。那个……我想这个中国的家长都有这种体验，教小孩儿作业真是崩溃⁵呀，这种感觉呀……

ら先生はこれではだめだと言うんです。

なぜですか？

なぜだめかと言うと、これを、もしこのように書いたらいい点数はもらえない。ある基準に従って書かなければだめだ。そういう標準的な書き方をして初めて高い点数が取れると言うのです。

そうでしたか。

だから、この例からわかりますが、中国国内では必ずしも子どもたちが自分の考えを持つことを奨励するわけではありません。でも私は子どもが自分自身の考え方を持つよう教育すべきだと思うんです。それに、子どもに楽しんでほしい。中国の子どもは楽しそうではありません。なぜかと言うと、まず宿題が山ほどあります。帰ってきて、宿題をやるのに9時とか10時、もしくはもっと遅くまでかかってしまいます。中国の親には皆こういう体験がありますが、子どもの宿題を見ていて気が狂いそうになる、そういう感覚ですよ。

---

⁵ 崩溃：崩れる、壊れる、心が折れる

94

——对对对。在日本的话感觉，好像我从来没有辅导⁶过小孩儿做作业，但是在中国的话，很多家长真的是辅导到崩溃。

そう、そうですね。日本では、私は一度も子どもの宿題を見たことはないです。でも中国の場合は、多くの保護者が本当におかしくなってしまうくらい、子どもの宿題を見なければなりません。

对呀，然后你呀，甚至于，因为太多了，你甚至要帮她去做一些，太晚了啊，这小孩儿一点儿都不开心的。然后呢，就是说这个还有一点，还有一个问题是什么呢？就是说我的家门口就有一所学校，但是（我进不去），我的小孩儿还不能进去。为什么呢？因为没有户口⁷。这还有一个户口的问题。我虽然在天津工作，我一样的纳税，买了自己的房子，但是没有户口，小孩儿不能就近入学。③

そうですよ。あまりに多すぎて、時には手伝ってやらないといけない。あまりにも夜遅くなるから。子どもは少しも楽しくないんです。それからもう一つ問題があります。たとえば我が家の目の前に学校があるのですが、私の子は入ることができない。なぜかと言うと、戸籍がないからです。つまり（教育のほかに）戸籍の問題もあります。私は天津で仕事をし、周りの人と同じように納税をし、自分の家を買いましたが、天津の戸籍はありません。だから子どもは最寄りの小学校に入ることができないのです。

——就是各种那个，硬性的、软性的各种因素促使⁸你一定要改变她的教育环境。

そのようなさまざまな要因があって、お子さんの教育環境をどうしても変えたいと思ったんですね。

对，所以我说呢，不能这样子，不能受这样的教育了，那么要到日本来。

そうです。だから、このままではいけない、こんな教育を受けさせたくないと思って、日本にやってきました。

---

⁶辅导：指導する、（勉強の）手助けをする
⁷户口：戸籍。戸籍制度がとても厳しい中国では、その地の戸籍がなければ公立小学校への就学は認められない。⁸促使：促す、仕向ける

——您是哪里，中国哪里人？

ご出身は中国のどちらですか？

啊，这个问题对我来说是最难回答的。因为，因为什么呢，因为我呢，是这样的，我说起来呢，我的老家啊，是大连的，我父亲是大连人，我的母亲的话呢，是山西人，然后呢，就是长大呢，一直是在河北，所以的话呢，总体来说我是北方人。

この問題は私にとって答えるのが一番難しい問題です。なぜかと言うと、私の実家は大連で、父親は大連出身です。母親は山西省出身ですが、河北省で育っています。だから、大まかに言うと私は北方出身です。

——哦，好的。

そうですか。

但是我自己呢，又是生长在重庆，我在重庆一直待⁹了20多年。

でも私自身は重慶で生まれ育ちました。重慶に20年いたんです。

——对，我听您说话一点儿那个口音都没有。

そうですね。少しも訛りがないようですが。

啊，所以就是说这个，完全没有口音。因为就是本身¹⁰这个，我父母他们作为内迁厂¹¹啊，都是外地人。虽然是从上海迁过来的，但是呢，他们呢，是生产地质方面的仪器。那么，生产地质方面的仪器¹²呢，

そう、訛りは全然ないんです。なぜかと言うと、私の両親は「内遷企業」というか、内陸部への工場移転のために移り住んだよそ者です。上海から移り住んだのですが、地質分野の機器やメーターを生産する工場でした。地質分野の機器やメーターの生産において（当時）中国で一番いい学校は長春地質学

---

⁹待：滞在する、留まる。"生活""住"の口語に当たる。　¹⁰本身：それ自体としては
¹¹内迁厂：国際関係が緊迫化した際、中国政府は何度か上海などの沿海部から内陸へ大規模な工場移転を行った。移転先では社員寮はもちろん、工場付属の病院や学校もあり、独自の生活圏を形成していた。¹²生产地质方面的仪器：本人によると言い間違いで、機器の生産だけではなく、地質分野全般とのこと。

中国最好的这个学校啊，是长春地质学院。那么这样的话呢，那个工厂里有大量的东北人。呃，内迁的话都是拖家带口[13]一起进去的，所以呢，就是说这个老老少少也有很多这种东北人，平常接触的人里面有东北人。

那么，另外呢就是，这个，另外这个人为数比较多的，就是上海人，因为是从上海的厂迁过去的嘛。还有一部分呢是南京的，是南京的地质学校去的刚毕业的学生。

——等于东北、上海、南京，主要这三拨[14]人。

还有一部分。

——还有一部分!?

一共是，其实一共是四部分人。还有一部分人是北京地质仪器厂过去的。

——啊，这四拨人在重庆形成了一个小圈子，对吧，小生活圈。

院でした。ですからその工場には多くの東北出身者がいました。内陸部への移住は通常は一家全員ですることが多かったので、お年寄りから子どもまで多くの東北出身者がいて、ふだん接する人の中にも東北出身者がいました。

ほかには、人数が多いのは上海の人、というのも上海から移転していったからです。また南京地質学校を卒業したばかりの学生など、南京出身者もいました。

つまり東北、上海、南京、この3つのグループですね。

もう1つグループがあります。

もう1つのグループ？

ええ、実際には計4つのグループです。北京地質機器工場から移り住んだ人たちもいました。

この4つのグループの人が重慶で小さな生活圏を形成していたということでしょうか。

---

[13] 拖家带口：《成语》家族全員を抱えている
[14] 拨：組、グループ

啊，对，所以的话呢，除了[4]上海人自己相互之间是说上海话之外，其他所有人都是普通话。

——那可能您的口音里头，听起来没有口音，但其实是包含了各个地方的一些小的微妙的一些……

对，就是实际上没有什么特别的，哪个地方的口音。你说，要真正让我说，说这个就是大连话，我也不会说。

——对，那四川话呢？

四川话就没问题，毕竟在那儿长大的，你多多少少总是接触的。呃，你比如说吧，这实际上你看很有意思的，我在重庆的话呢，我几乎不说这个重庆话，不说四川话的，但是反过来[15]呢，这个，就是这个，如果是有客人到这儿来，那我就会用四川话跟他们打招呼。

——那四川话打招呼怎么打呢？

啊，比如说这个，就问他，比如说，

そう、そうです。上海の人だけは自分たちの間で上海語を話していましたが、ほかの人はみんな標準語を話していました。

薛さんはまったく訛りがないように聞こえますが、じつはいろんな地方の訛りを微妙に含んでいるということでしょうか。

そうです。実際は何も特別な、特定の地方の訛りはありません。もし大連の方言で話してほしいと言われても、私には話せないんです。

じゃあ四川の方言はどうですか？

四川の方言なら問題なくできます。なんといってもそこで育ったので、少なからずやりとりがあるんです。たとえば、おもしろいのですが、私は重慶にいた時ほとんど四川の方言を話さなかったのに、お客さんがここ（日本）に来れば、私は四川の方言で彼らとあいさつします。

四川の方言ではどんなふうにあいさつするんですか？

たとえば、その人が四川出身かも

---

[15]反过来：逆に　　[16]自贡：四川省自貢市

一开始比如说，我听这人可能是四川人，我就问他这个"请问你是哪里人哪？"如果他说"我是自贡[16]的。"那我就说了"（標準語訳：原来是四川来的啊）"。

——"原来是四川人"，是吧。

啊，对，"（標準語訳：四川来的，我也是四川长大的。）"我也是四川长大的。然后呢，如果是成都人，那又有话说了啊，啊，"（標準語訳：我在成都都读过四年大学。）"

——我在成都都读过四年大学。

像这样的话呢，用这样的四川话跟他们交流，这个的话呢，对方就感觉比较亲切了。

——啊，对对对。

但是呢，除了四川之外，啊，比如说东北人来了，我也会说是老乡[17]的啊，因为我是东北人哪。包括上海的，如果上海人来又好了，"（標準語訳：我在上海待了九年了。）"

しれないと訛りから聞きとったとしたら、最初に「ご出身はどちらですか」と尋ねます。もし彼が「自貢出身だ」と言ったら、私は「(四川から来たんですか)」と四川方言で返します。

「四川から来たんですか」ですね。

そうです。「四川から来たんですか、私も四川育ちです」。それから、たとえば成都出身なら、それもコミニュケーションできてしまうんだけど……

「私は成都で4年大学に通いました」

こうやって四川の方言で彼らとやりとりをします。相手も親しみを感じてくれるでしょう。

そうそう、そうですね。

しかし四川以外であれば、たとえば東北の人が来たら、その時も「同郷ですね」と言います。なぜならば東北出身だから。上海の人が来ても大丈夫。「(私は上海で9年生活しました)」。今でも戸籍は上海にあるんです。上海戸籍です。

---

[17] 老乡：同郷人。薛さんのように相手との距離を縮めたり、親しみを感じてもらったりするために、広い意味で使う人も多い。

我在上海生活了九年啦，对不对？然后那个，我的户口还在上海哪。我现在是上海户口啊。

——是吧，我觉得您的模仿能力很强啊（笑）

薛さんはとても真似するのがとても上手ですね（笑）

啊哈哈。毕竟是那个，在那待的时间长了。

やっぱり、そこにいる時間が長かったからね。

——哦，是吧。

そうですか。

如果是这个北京人或者天津人，我北京的话呢，我小的时候因为我妈这个关系啊，我九个月的时候我就到北京了。然后呢，那个天津的话，天津也一样啊，天津[18]也是老乡啊，因为我来日本之前，我在天津住了四年。所以呢就会说啦，"（標準語訳：天津人说话天津味。）"，就是这种。

もし北京とか天津の人とかだったら、北京であれば私は小さい時に母の都合で、9か月の頃北京に行きましたし、そして天津だったら、天津も同じですが、天津人も私の同郷です。日本に来る前に天津に4年住んでいました。だから「（天津出身の人は天津訛りがある）」などと話すことができます。

——有意思有意思。

なかなかおもしろいですね。

所以的话呢，你要是说我是哪里人，这个，说不好是哪里人的。

だから出身はどこかって聞かれると、なかなかどことは答えられないのです。

——对对对对。

そうそうそう。

---

[18] 天津：ここでは"天津人"の"人"が省略されている

然后，还有一个，如果是山东人，那也是我的老乡。为什么呢？因为我的祖籍[19]是山东的呀。我姓薛，就是薛仁贵[20]的薛啊，这个姓薛的人哪，东北的姓薛的人，基本上都是从山东过去的。所以你要问我到底是哪里人，我也不知道是哪里人。

それからもう一つ、山東省出身の人なら、彼らも私の同郷です。なぜかと言えば、私の祖先は山東省出身なのです。私の姓は薛ですが、これは薛仁貴の薛で、東北出身の薛という姓の人は、基本的には山東省から東北に渡っています。だから出身を聞かれると、私もどこなのかわからないんです。

——对，您的生活经历太丰富了。

本当に経歴が豊富ですね。

所以的话呢就是说，对我来说呢，你比如说我这里，我到这个日本来生活完全没有这个问题，完全没有问题，完全没有这种说是异乡这种感觉，没有的，因为我在国内也是这样子啊，从小就是到处跑来跑去[21]的啊。工作也是到处跑来跑去的。

ですから、たとえば日本に来て生活するのはまったく問題がありません。まったく異郷という感覚がないのです。というのも中国国内でも同じように小さい頃からあちこちに行っていて、仕事もあちこちに行っているので。

——以四海为家[22]，明白了。

まさに７つの海を家とするという感覚ですね。わかりました。

---

[19] 祖籍：原籍。父方の先祖が住んでいた地域を言う。
[20] 薛仁貴：唐代の有名な将軍
[21] 跑来跑去：飛び回る、あちこち動き回る
[22] (以)四海为家：地球上の至る所を住処とする

DATA

・程师德 Chéng Shīdé
出身：北京市
年齢：70代
職業：漢方医

日本で40年以上、漢方薬局を営む程さん。中国医学と西洋医学の違いについて、具体例を挙げながら丁寧に解説してくれました。

🔊 ウォーミングアップ ⬇ DL 26

音声を聴いて空欄を埋めましょう。

1）想来日本有很多【①＿＿＿＿】。最【②＿＿＿＿】的就是妈妈是日本人，爸爸是中国人。

2）当时【①＿＿＿＿】没学呢，也有很多【②＿＿＿＿】原因。

3）这是一个特别【①＿＿＿＿】的问题，说一句两句也【②＿＿＿＿】。

4）这就说呢，用中医的【①＿＿＿＿】来分析，造成这个鼻子的病啊，是【②＿＿＿＿】什么原因。

5）你要想【①＿＿＿＿】了，那就【②＿＿＿＿】很多的时间。

✔ 内容確認

インタビュー全文はp.106にありますが、できるだけ見ないで答えてください。

➤ インタビューを聴き、次の文が内容に合っていれば〇、そうでなければ × を選びましょう。　　　 ⬇ DL 27

1）	程さんはお母さんと一緒に来日した。	〇	✕
2）	程さんは中国で少し日本語を勉強した。	〇	✕
3）	程さんの考えでは、西洋医学を勉強した医師は漢方薬を使用してはならない。	〇	✕
4）	程さんは、たとえば便秘を治す薬は決まったものがあると考えている。	〇	✕

Point　北京語は、発音の簡略化や軽声、語末のアル化が目立つのが特徴です。程さんの発音にも、それほど強くないものの、それらの特徴が見られました。漢方の専門用語が多いため難しく感じられるかもしれませんが、発音は聞きとりやすいでしょう。

日本生活が長いためか、中国語のなかに日本語っぽい単語を混ぜて話しています。口癖や言いよどみも多いほうです。

①“也”の用法

“哪怕／即使／宁可”と一緒に使われ、「たとえ〜でも」という意味を表します。接続詞が省略され、“也”のみ単独で使用することも多いです。

死也要死在日本。
Sǐ yě yào sǐ zài Rìběn.
死ぬにしても日本で死にたい。

生气也没用。
Shēngqì yě méiyòng.
怒ってもしょうがない。

这家的菜不新鲜，打了折也不想买。
Zhè jiā de cài bù xīnxian, dǎle zhé yě bù xiǎng mǎi.
この店の野菜は新鮮でないから、割引になったとしても買いたくない。

②不是A，而是B

「AではなくBだ」という意味を表します。

不是光看鼻子，而是看全体的情况。
Bú shì guāng kàn bízi, ér shì kàn quántǐ de qíngkuàng.
鼻だけを見るのではなく、全体の様子を見る。

我不是不想去，而是实在没有时间。
Wǒ bú shì bù xiǎng qù, ér shì shízài méiyǒu shíjiān.
行きたくないのではく、どうしても時間がとれないのだ。

他们不是没有时间，而是根本就不想来。
Tāmen bú shì méiyǒu shíjiān, ér shì gēnběn jiù bù xiǎng lái.
彼らは時間がないのではなく、まったく来る気がないのだ。

③ 随便 A 都 B

「どんなAかに関わらずBだ」「どんなにAであってもB」という意味です。"随便"の代わりに"不管""无论"を使ってもかまいません。"都"は"也"や"总"に置き換えられます。

病人的类型特别多，你<u>随便</u>讲一个病<u>都</u>一样。

Bìngrén de lèixíng tèbié duō, nǐ suíbiàn jiǎng yí ge bìng dōu yíyàng.

患者のパターンはとても多く、どんな病気の例を挙げても同じことだ。

汉语也好，英语也好，<u>随便</u>什么语言，我<u>都</u>爱学。

Hànyǔ yě hǎo, Yīngyǔ yě hǎo, suíbiàn shénme yǔyán, wǒ dōu ài xué.

中国語でも英語でも、どんな言語であろうと、私はみんな勉強するのが好きです。

<u>随便</u>你什么时候来，我<u>都</u>能帮你忙。

Suíbiàn nǐ shénme shíhou lái, wǒ dōu néng bāng nǐ máng.

いつ来ても、手伝ってあげるよ。

---

④ 让 A 给 B

「AにBされる」という受け身の使い方で、口語的な表現です。"被AB"と同じ意味です。

那能<u>让</u>中医大夫<u>给</u>笑死。 = 那能<u>被</u>中医大夫笑死。

Nà néng ràng Zhōngyī dàifu gěi xiàosǐ. = Nà néng bèi Zhōngyī dàifu xiàosǐ.

それでは中国医学の医師に死ぬほど笑われてしまうよ。

他的帽子<u>让</u>风<u>给</u>吹走了。 = 他的帽子<u>被</u>风吹走了。

Tā de màozi ràng fēng gěi chuīzǒu le. = Tā de màozi bèi fēng chuīzǒu le.

彼の帽子は風に飛ばされてしまった。

那个花瓶<u>让</u>他<u>给</u>打破了。 = 那个花瓶<u>被</u>他打破了。

Nàge huāpíng ràng tā gěi dǎpò le. = Nàge huāpíng bèi tā dǎpò le.

あの花瓶は彼に壊されてしまった。

——请您介绍一下您是什么时候来日本的?

先生はいつ日本にお越しになったか教えていただけますか?

我是上一个世纪的七十年代末[1]。

私は1970年代末に……

——七十年代末, 很久以前了。

70年代末、ずいぶん昔ですね。

嗯, 很久以前, 很久了。

はい、ずいぶん昔です。ずっと前です。

——那您来日本以后再开始学药的吗?

日本にお越しになってから薬学を勉強されたのですか?

イヤー, 不是, 在中国就是。

いや、中国にいた時から勉強していました。

——哦, 在中国就[2]学了?

中国にいらした時から勉強されていたんですね。

那时候搞[3]的中医药。

その時は漢方薬が専門だったんです。

——中医药啊, 然后在日本也是学药的?

漢方薬ですね。そして日本でも薬学を勉強されたんですね。

对。

そうです。

——哦, 是吗。那您当时为什么想要来到日本呢?

あ、そうですか。当時なぜ日本に来ようと思ったのですか?

---

[1] 七十年代末：1970年代末(中国では、この"上一个世纪的七十年代末"という言い方をよく見かける)　[2] 就：ここでは「すでに、もう」という強調を表す

106　[3] 搞：「従事する」の口語的表現。"我是搞音乐的""搞建筑的""搞药材销售的"のように使う。

嗯……想来日本有很多原因。最重要的就是妈妈是日本人，爸爸是中国人。我妈妈非常想回到日本，死①也要死在日本，所以呢，就跟妈妈一块儿来了。

えっと、日本に来ようと思ったのはいろいろな理由があって、一番重要なのは母が日本人だからです。父は中国人です。母は非常に日本に帰りたがっていました。死ぬ時も日本で死にたいと。だから、母と一緒に日本に来ました。

——哦，是吗，那来到日本以后学日语有困难吗？

そうですか。それで日本に来てから日本語を勉強するのは難しかったですか？

在中国的时候也学过一点儿，但是呢，那就局限⁴在「こんにちは」「さよなら」之类的，这以外的东西就没学。当时为什么没学呢，也有很多社会原因，所以呢到日本来呢，就还是从一开始⁵学。

中国でも少しは勉強しました。でもそれは「こんにちは」「さようなら」のようなものだけで、それ以外は勉強していませんでした。どうして当時勉強しなかったのかについては、いろいろな社会的な原因があったと思います。ですから日本に来てから一から勉強しました。

——是吗。然后，现在您经营一个，就是中医的药局……

そうですか。先生は今、漢方薬局を経営していますが……

嗯，就是中国叫药房，你知道吧⁶，不叫药局(笑)

中国では「药房」と言います。「药局」とは言わないです(笑)

——那么请您给大家介绍一下中药⁷和西药有什么不同呢？

皆さんに漢方薬と西洋薬と、どこが違うか教えていただけますか？

---

⁴局限：〜に限られる

⁵从一开始：一から始める(日本語の表現を使用している。中国語では"从零开始"と言う。)

⁶你知道吧：日本語の「〜でしょ」「〜だよね」に近い表現。親しい間柄か、または目下の人に対して使う。

⁷中药：厳密に言えば日本の漢方薬とは異なる点があるが、ここでは便宜上「漢方薬」と訳す。　　107

这是一个特别复杂的问题，说一句两句也说不清楚，但是……有什么特征啊，最重要的一个特征就是什么呢，中药本身没有什么意思，说中西医无法[8]分。

为什么说无法分呢？西医大夫[9]也可以用中医药，它是不用中医理论地用中医药，也就是说汉方药，日本话叫。

不是说有什么区别，而是②说使用人用什么理论、用什么方法来看待这个药，这样的来区分这个汉方药。

不学中医知识也可以用汉方药，它只不过是说呢，如果这个病[10]对鼻子有好处，那就对鼻子，就专用在鼻子上就行了。但是呢中医呢，开这个鼻子药呢，就不一样了。他这个人有是因为身体是寒[11]啊、虚热[12]啊、气虚[13]啊、虚实[14]啊，怎么说呢，这个用药的方法就完全不一样了。

——不是光看鼻子，而是看……

これはとても複雑な問題で、一言、二言では説明できません。しかしどんな特徴があるか、一番重要な特徴は何かと言うと、漢方薬自体は特に何も意味をなしません。つまり漢方薬か西洋薬かは区別しようがないのです。

どうして分けようがないかというと、西洋医学の先生も中国の医学や薬学を使うことができる。それは中国医学の理論を使わずに、中国の医学や薬学を使うということで、それを漢方薬と言います。日本語ではね。

なんの違いがあるのかではなく、使う人がどんな理論で、どんな方法でこの薬を見るかという問題です。このように漢方薬を区別しているのです。

中国医学の知識を学ばなくても漢方薬を使うことはできます。それはその薬は、たとえば鼻に効くなら鼻に使う、鼻だけに使う。それだけのことです。でも中国医学の医師が鼻の薬を処方する時には違います。この人は体が寒の状態なのか、虚熱の状態なのか、気が虚の状態なのか、虚実の状態なのか。どう言えばいいのかな、この薬を使う方法がまったく異なってくるんです。

鼻だけを見るのではなく……

---

9 大夫 dàifu：医者。"程大夫"のように尊称としても使える。
10 病："药"の言い間違いと思われる。
11 寒：漢方では"寒"（寒冷）と"热"（温熱）を対立概念と捉え、症状や体質を表す。
12 虚热："实热"は"热"の状態が明らかなのに対して、"虚热"は顕著でないものの慢性的になりがちとされる。　13 气虚：免疫力を左右する「気」が足りない症状を指す
14 虚实：漢方において病態を判断する代表的な概念。一般的に体力のない人は"虚"の症候、体力のある人は"实"の症候になりやすいとされる。

看全体的情况。如果调的话呢，鼻子药根本不用，也可以把鼻子治好。这就说呢，用中医的理论来分析，造成这个鼻子的病啊，是因为什么原因，根据那个原因来调节这个病人的身体的平衡。阴或阳[15]呀，寒或热啊，来调整平衡。

而且呢中医，用中医药的理论，也就是中医学。中医的基础理论，中医的临床学、病理学，它也是一个系统，你知道吧，它跟西医的系统是完全一样的，你知道吧。

你要想学好了，那就需要很多的时间。但是所谓好呢，跟西医不一样，西医是在学校里头都给你解剖什么的都学，完了以后到社会上它就不一定学了。但是中医呢，就不一样，只要你看病人就要学，你不能说我今天学完了以后，明天给人开了治好了，我们下一个病人就不学了，不可能。

——一直得就是学下去。

因为那病人的类型是特别多，你随便讲一个病③都一样。

全体の様子を見ます。調整するならば鼻の薬をまったく使わなくても、鼻を治すことができます。つまり中国医学の理論を使って分析し、鼻の病気を引き起こしたその原因は何か、その原因に基づいてこの病人の体のバランスを調整するんです。陰とか陽とか、寒とか熱とか、それでバランスを調整します。

しかも中国医学の医師は、中国医薬の理念、すなわち中国医学を用います。中国医学の基礎理論、臨床学、病理学、それもやっぱり一つの系統だった学問です。西洋医学の系統とまったく同じです。

きちんと勉強するには大変な時間がかかる。いわゆる「きちんと勉強する」というのも西洋医学の医師と異なります。西洋医学は学校で解剖学など何でも勉強しますが、それが終わり、社会に出たあとは必ずしも勉強するとは限らない。でも中国医学の医師は違います。患者の診察をする限り、必ず学ばなくてはならない。今日勉強し終えて、明日患者に薬を処方して治ったら、次の患者の時には勉強しなくていいというわけにはいかない。

ずっと学び続けなければならない。

患者の型がとても多いからです。どんな病気の例を挙げてもいいですよ。

---

[15]阴或阳：漢方では"阴"(陰)と"阳"(陽)で病態を捉える。体内の陰陽は自然の影響を受けて変わっていくと考えられている。

另外西医的药，我刚才跟你讲是鼻子，还有一个便秘的药。这个中医的大黄[16]，就是中医西医都可以用，但是呢，作为这个中医的大夫来讲，有时候这个大黄绝对不能用，这个病，它这个便秘，你知道吧。你要用了以后，这等于杀人，你知道吧。所以呢你要说起便秘来了，我就用笔一写，给你分出十二个，八个型，一写，你一看，也就明白了。有虚型的便秘、有实型的便秘、有寒型的便秘、有热型的便秘、有吃多了的便秘、有不够，就是营养不够的便秘……你这个，就这么跟你说八个十个十二个，马上就出来了。

——哦，特别深哦。

啊，就特别深了。就所以呢，你要看[17]了，今天一个看便秘治好了，明天再来一个，今天是一个小伙子，明天来一个老太太，你用的药也许完全是不一样。

所以这个就是中医药和西医的不太一样。不在乎这个药，而在乎你用的这个理论是用哪个，这是最大的

ほかに西洋医学の薬は、先ほど例に挙げた鼻、そして便秘薬。中国医学の大黄は中国医学でも西洋医学でも使用することができる。しかし中国医学の医師にとって、場合によって大黄は絶対に使ってはいけない。この病気、この便秘は、使ってしまうとその人を殺してしまうことになりかねない。

便秘について、書いて説明すると12の型とか8つの型があるのです。書けばすぐにわかります。虚の便秘、実の便秘、寒の便秘、熱の便秘。食べ過ぎによる便秘、食べる量が少ない場合、栄養不足の便秘……このように8つとか12とかの型がすぐに出てくるのです。

わあ、とても深いですね。

そう、とても深いです。だから今日便秘の患者を治した。明日また（便秘の）患者が来た。今日は若い男性。明日は年をとったおばあさん。使う薬はもしかしたらまったく違うかもしれません。

だからこれが中国医学の薬と西洋医学の薬の違うところです。薬を気にするのではなく、重要なのはどの理論を用いるか。これが一番大きな違いです。

[16] 大黄：大黄（ダイオウ）、タデ科の植物の根茎を用いる生薬
110 [17] 看：観察する、判断する。ここでは患者や状況によるというニュアンス。

区别。这是我到日本以后才这么感觉的，因为中国的西医大夫没有像这样用的，你要这样用的话，那能让中医大夫给④笑死。所以呢中国的西医大夫啊，都要学点中医理论。

私は日本に来てからこのように感じるようになったんです。というのは、中国の西洋医学の医師はこんなふうに薬を使わない。もしこんなふうに薬を使ったら、中国医学の医師に笑われてしまう。ですから中国では西洋医学の医師も中国医学の理論を学ぶのです。

DATA

・叶惠洪　Yè Huìhóng
出身：台湾・花蓮市
年齢：40代
職業：不動産業

台湾でも日本でも不動産売買に携わる葉さん。日本語を習得した上に、猛勉強で資格試験に合格した努力家です。

🔊 ウォーミングアップ　　　　　　　　　　　　⬇ DL 28

音声を聴いて空欄を埋めましょう。

1) 当初主要是要学【①　　　　　】。因为刚好也可以同时学日语，就同时【②　　　　】。

2) 所以就【①　　　　】到日本来，读了日语【②　　　　】。

3) 现在【①　　　　】是做房地产。【②　　　　】换了。之前在台湾，现在在日本。

4) 我早上6点起床就【①　　　　】念书，做题目，然后到【②　　　　】的2点。

5) 接触的【①　　　　】里面呢，觉得还是台湾的客户会比较【②　　　　】，会比较喜欢跟我们聊天。

☑ 内容確認

インタビュー全文はp.116にありますが、できるだけ見ないで答えてください。

▶ インタビューpart 1を聴き、次の文が内容に合っていれば〇、
そうでなければ × を選びましょう。

1) 葉さんは当初は英語を勉強しようとした。	〇	×
2) 葉さんは台湾では仕事をした経験がない。	〇	×
3) 葉さんは東京の大学で資格試験の勉強をしていた。	〇	×

▶ インタビューpart 2を聴き、次の文が内容に合っていれば〇、
そうでなければ × を選びましょう。 ⬇ DL 30

| 4) 葉さんの会社は主に日本人客を相手にしている。 | 〇 | × |
| 5) 葉さんは現地案内の前に客とたくさんコミュニケーションをとる。 | 〇 | × |

Point 　台湾では、台湾語（閩南語）の影響から、zh/sh/ch/rといった巻舌音が少なく、-an/-ang や-en/-engの区別もない人が多く見られます。また、語尾が非常に個性的で、以下のような特徴があります。大陸（特に北方地域）の人にとって甘ったるくかわいく聞こえる理由も、語尾にあるかもしれません。

①軽声やアル化音が少ない。葉さんの"什么"の"么"は軽声化されずmóとなっている。

②語気助詞を付けることが多い。葉さんの"嘛""哪"も特徴的だが、ほかにも"啊""啦"など多数ある。

③語尾を伸ばす傾向がある。

　訛りだけでなく、"女士／小姐"、"房地产／不动产"など、大陸と異なる言葉遣いや動詞句の前に"有"を置くといった特徴は台湾ドラマなどの影響で中国大陸に逆輸入され、特に若者たちは、地域を問わず、無意識のうちに台湾訛りを口にしてしまう人も決して少なくありません。

① 以为／认为

"认为"が一般的に「〜だと思う」を表すのに対し、"以为"は「〜だと思い込む」「〜だと思った（が、結果違った）」という意味で使われます。使い分けに気をつけましょう。

看到前面以为答案就是 1，我们就会选它了。
Kàndào qiánmiàn yǐwéi dá'àn jiù shì yī, wǒmen jiù huì xuǎn tā le.
前のほうを読み、答えが 1 番だと思ってそれを選んでしまう。（実際には答えは違う）

我以为今天会下雨，所以特意带了一把伞，结果根本没用上。
Wǒ yǐwéi jīntiān huì xià yǔ, suǒyǐ tèyì dàile yì bǎ sǎn, jiéguǒ gēnběn méi yòngshàng.
今日は雨が降ると思ったので、わざわざ傘を持ってきたが、結局全然使わなかった。

天气预报说今天会下雨，我认为我们应该带上伞。
Tiānqì yùbào shuō jīntiān huì xià yǔ, wǒ rènwéi wǒmen yīnggāi dàishàng sǎn.
天気予報では今日は雨が降ると言っていたから、傘を持っていくべきだと思う。

※"以为"は"认为"と同じく「〜だと思う」の意味で使われることもありますが、自分の意見を謙虚に述べる場面にほぼ限定されています。

我以为，这个问题可以这样去看……
Wǒ yǐwéi, zhège wèntí kěyǐ zhèyàng qù kàn……
この問題はこのように見ることができると思いますが……

② 甚至于说〜

"甚至于说"は「さらには〜」「〜さえも」という意味で、"甚至／甚至于"の口語です。いくつか例を並べた上でこの表現を使うと、さらに極端な例を挙げることができます。

去了解到一些日本的文化，还有不动产资讯哪，甚至于说赠与税等税金的问题。
Qù liǎojiědào yìxiē Rìběn de wénhuà, hái yǒu búdòngchǎn zīxùn na, shènzhìyú shuō zèngyǔshuì děng shuìjīn de wèntí.
日本の文化や不動産情報、さらには贈与税などの税金の問題まで理解する。

锻炼不仅让人身体健康，还能提高精神状态，<u>甚至于(说)</u>达到长寿的目的。

Duànliàn bùjǐn ràng rén shēntǐ jiànkāng, hái néng tígāo jīngshén zhuàngtài, shènzhìyú (shuō) dádào chángshòu de mùdì.

運動によって体が健康になるばかりでなく、元気も出て、さらには長寿の目的を達成することさえできる。

---

③ **令我～**

"令我～"は使役表現で「私を～させる」という意味です。日本語に訳して違和感がある時には無理に使役にせず、「私が～する」などと訳すほうがよいでしょう。

我觉得这是一件<u>令我</u>最开心的事情。

Wǒ juéde zhè shì yì jiàn lìng wǒ zuì kāixīn de shìqíng.

これこそが私にとって一番うれしいことだと思います。

<u>令我</u>感动的是，家里经济条件那么困难，父母却依然支持我留学。

Lìng wǒ gǎndòng de shì, jiā li jīngjì tiáojiàn nàme kùnnán, fùmǔ què yīrán zhīchí wǒ liúxué.

私が感動したのは、家が経済的にあんなに苦しかったのに、両親が私の留学に賛成してくれたことだ。

这次日本旅行性价比很高，<u>令</u>小王一家非常满意。

Zhè cì Rìběn lǚxíng xìngjiàbǐ hěn gāo, lìng Xiǎo Wáng yì jiā fēicháng mǎnyì.

今回の日本旅行のコストパフォーマンスは最高で、王さん一家はとても喜んでいた。

※性价比：費用対効果、コストパフォーマンス

——你好！叶女士。

こんにちは、葉さん。

您好。

こんにちは。

——首先感谢您接受我们的采访。

まず私たちのインタビューに応じてくださってありがとうございます。

谢谢你。不过我们台湾比较不习惯人家称[1]我们女士[2]，哎，你可以叫我叶小姐(笑)

いえいえ。でも台湾では「女士」と呼ばれるのに慣れていなくて。そうだ、私のことを「叶小姐(葉さん)」って呼んでくださいよ(笑)

——叶小姐，叶小姐您好！

「叶小姐」ですね。葉さん、こんにちは。

您好！

こんにちは。

——好的。是这样子，我想问一下您是从台湾来的？

はい、そうですね。お聞きしたいのですが、台湾からいらしたんですよね？

对的。台湾的东部花莲。有美丽的太平洋。

ええ、台湾の東にある花蓮です。美しい太平洋があります。

——啊……靠着美丽的太平洋。

ああ、きれいな太平洋に面しているんですね。

对！

そうなんです！

---

[1] 称：〜と呼ぶ
[2] 女士：中国大陸では未婚女性を"小姐"と呼ぶこともあるが、正式な場面では未婚者にも既婚者にも使える"女士"をより多く使う。

——您是什么时候来日本的？是在日本开始学的日语吗？

日本にはいつ来られたんですか？日本で日本語の勉強を始めたんですか？

啊，其实我在台湾是在地球村美日语补习班有上过课[3]。但是当初，当初主要是要学英文。因为刚好也可以同时学日语，就同时进行。

ええと、じつは台湾にある地球村米日語学塾に通ったことがあります。最初はおもに英語を勉強しようとしたんですが、ちょうど同時に日本語を勉強できたので、一緒に始めたんです。

——那后来是为什么要到日本来呢？

では、後になってなぜ日本に来ようと思ったんですか？

因为当初本来有考虑美国跟日本，但是因为日本离台湾比较近，而且日本比较亲台[4]嘛，所以就选择到日本来，读了日语学校。

最初はもともとアメリカと日本を考えていたんです。でも、日本は台湾に近い上に、わりと台湾との関係がよいので、日本を選びました。日本語学校で勉強しました。

——那当时您到日本来学这个日语的话，那之前您在台湾是做什么工作的呢？

当時日本に来てから日本語を学んだのだとすると、その前は台湾でどんなお仕事をされていたんですか？

我在台湾本身[5]就是从事不动产，买卖行业。

台湾にいた時も不動産業界にいて、不動産売買をしていました。

——从事房地产。

不動産業に就いていたんですね。

对，对。房地产。

ええ、そうです。不動産です。

---

[3] 有上过课：普通話では"有"は不要　　[4] 亲台：親台湾
[5] 本身：「～自身、自体」の意味だが、ここでは「そもそも」に通じる。

——我们这里叫房地产，你们那里叫不动产，是吧。

私たちのところ（中国本土）では「房地产」ですが、台湾では「不动产」と呼ぶんですね。

对，对。

はい、そうです。

——那然后到日本来学习，那现在是做什么工作呢？

それでその後日本に来て勉強して、今は何のお仕事をされているのですか？

现在一样是做房地产。地点换了。之前在台湾，现在在日本。

今も同じ不動産業です。場所が変わり、以前は台湾、今は日本です。

——就是工作内容还是一样的。

つまり仕事内容は同じということですね。

工作内容一样，对。还是买卖不动产。

仕事内容は同じです。やっぱり不動産売買をしています。

——但是我听说在日本吧，做这个不动产的话，是需要有一定的资格的。

でも、日本で不動産業に就く場合、必ず資格が要ると聞きます。

对对对。

そうです、そうです。

——那您也是考了这个资格，是吗？

では葉さんもこの資格を取ったということですか？

没错，在日本叫宅建士，在台湾叫不动产经纪人。

そうですね、日本では「宅建士」、台湾では「不動産経紀人」といいます。

——就是说在台湾也要考。

对，在台湾也要考。到日本还是要考。我在台湾的时候也有不动产经纪人，在日本的话我也有，对，宅建士的资格。

——那对你来说考起来是不是很容易，因为内容都差不多？只不过是一个用中文，一个用日语。

各有各的困难点（笑）。日本的话，因为本身我们的母语不是日文嘛，它就有相当程度的困难。然后它有很多是"ひっかけ問題"。就是日文你没有看到最后，不知道他要问你的是，真正意思是什么。但是通常我们比较心急，就会看到前面以^①为答案就是1，我们就会选它了。但是其实后面还有一个。反正就是「ひっかけ問題」，那个中文要怎么说啊？

——有点像陷阱[6]。

对，有点像陷阱，对对对。

つまり台湾でも資格が必要なんですね。

ええ、台湾でも必要です。日本に来てからも試験を受けなければなりません。台湾にいた頃は不動産経紀人の資格があるし、日本でも私は、そう、宅建士の資格があります。

葉さんにとっては（業務の）知識が共通しているので、試験はわりと簡単だったのでは？　中国語と日本語の違いだけですよね。

それぞれに難しいポイントがあります（笑）。日本の場合、私たちは母語が日本語じゃないですから。そこはそれなりの困難がありました。あと、日本の試験には「ひっかけ問題」がたくさんあります。日本語を最後まで読んでいないと、何を聞いているのか、本当の意味は何かわからないのです。でもふつう（試験を受ける時は）焦りがあるので、最初のほうだけ読んで答えが1だと思って選んでしまいます。しかし、後ろのほうにまだあるんです。「ひっかけ問題」って中国語でなんて言うんでしょう？

「落とし穴」に似ていますね。

そうですね、落とし穴に似ています。

---

[6]陷阱：落とし穴、わな

―― 那，后来你考得顺利吗？

啊，到最后是合格了，对。

―― 在什么地方，怎么学的这个考试？

啊，这个，我是停职原本的工作，也是不动产行业的工作。停职留薪[7]三个月，到日本来租了房子。啊，在日本来租了房子之后，我早上6点起床就开始念书，做题目，然后到深夜的2点。对，其实是考试前的三个月我来了。那真正学习应该是大概前后两个半月的时间。对。

―― 等于说是利用比较短的时间，一鼓作气[8]。

对。没错。

―― 太厉害了。太厉害了。因为我听说这个资格挺难的。很多日本人自己都是考不上。

因为刚巧[9]自己身边有很多照顾我的师长们、朋友们，对，当时我以

ではその後、試験には順調に合格できましたか？

最終的に合格できました。

どこで、どうやってこの試験の勉強をしたんですか？

ええと、それは、元々やっていた不動産業の仕事を休職したんです。籍だけ置いて無給の休暇を3か月取って、日本に来て部屋を借りました。日本で部屋を借りてから、朝6時に起きてすぐ勉強して、問題を解いて、深夜2時までやっていました。そう、じつは試験の3か月前に日本に来ましたが、本当に勉強したのは、たしかだいたい2か月半前後だったと思います。

ということは、けっこう短期間だったんですね、一気に仕上げたと。

そうですね、はい。

すごいですね。本当にすごいです。この資格はすごく難しいと聞いたことがあります。日本人でも多くが合格できないとか。

ちょうどその時、私の周りに先生方や先輩たち、友だちなど、支えてくれる人がたくさんいたんです。

---

7 停职留薪：“停薪留职”の言い間違い。籍を残したまま無給で休職すること。

8 一鼓作气：《成語》張り切って一気にやり遂げること　9 刚巧：偶然に、ちょうど

前的大学是在千叶的明海大学，里面图书馆的书从头看了一遍，自己买了过去的问题。10年的「過去問」过去问题。然后自己每天的，让自己定时地，每天都考试。自己考试，量时间¹⁰考试。这样子。

当時、千葉にある明海大学にいたので、図書館の本を最初から通しで読んで、自分で過去問を買いました。10年分の過去問です。それで、自分で毎日時間を決めて、毎日模試をして、時間を測ってテストしていました。そんな感じです。

——一个是好的环境。

一つにはいい環境ですね。

对。

そうですね。

——再有就是你自己的努力。

あとは自分の努力ですね。

也有，对。非常地努力，对。因为毕竟年纪毕竟跟别人不一样嘛。

それもありますね、ええ。すごく努力しました。なんといっても年齢がほかの人と違うので。

——所以这个资格是一定要考。

だから絶対受けなくちゃってことですね。

对对对。

そうそうそう。

——既然要考那就早点儿考！

受けると決めた以上、早く受けたいんですね。

对，没错！

そういうことです！

---

¹⁰ 量时间：中国大陆では"计算时间"と言う。ここでは"按照规定的时间做模拟试题"が一般的な表現。

——下面能请您介绍一下现在的工作情况吗？

先讲，介绍一下，我们简单介绍一下我们公司，我们是从台湾过来的，是在，应该是第11年了，本身公司在台湾是唯一的上市[11]的一个不动产公司。那在日本第11年，当中我们主要的服务客户是台湾的客户，台湾的要来这边买自住的房子，或者是投资的客户，对，那也有接触到中国跟香港，一直到最近我们也有在做日本在地的客户。

——那，接触的客户就是，还是涉及到不同地区的。

对。

——你觉得他们的文化或者说他们的习惯上面接近吗？

因为我个人觉得，接触的客户里面呢，觉得还是台湾的客户会比较亲切，会比较喜欢跟我们聊天。因为他们本身对日本不熟悉[12]，他们也

続いて、仕事の状況をお話しいただけますか？

まず会社について簡単に説明します。私たちは台湾から来て今たしか11年目で、台湾で唯一、証券市場に上場している不動産会社になります。日本では11年目ですが、私たちのおもなターゲットは台湾のお客様です。台湾から日本に来て自分が住む部屋を買ったり、投資したりするお客様で、中国と香港のお客様に対応したこともありました。最近では日本のお客様もいます。

じゃあ、関わるお客さんはいろいろな地域に及んでいるんですね。

はい。

彼らの文化や習慣で似ているところはありましたか？

個人的に、接客する中で台湾のお客様のほうがやっぱり親しみを感じるので、私たちとおしゃべりするのが好きだと思います。彼らは日本をよく知らないので、私たちとのおしゃべりの中で日本の文化

---

[11] 上市：（証券市場に）上場する

[12] 熟悉：よく知っている。標準語では shúxi だが、台湾では shóuxī と発音される。

想借着跟我们聊天的当中，去了解到一些日本的文化，还有日本的不动产资讯[13]哪，地价等等的，甚至于说②赠与税呀，还有遗产税等等的税金的问题，对。

——那也就是说，你们跟台湾客户之间得有一个非常强的信任关系。

没错。那他会认为说[14]跟我们同一个语言的来跟他接触的话，他会比较有信任感，而且我们可以帮他处理一些很多琐碎[15]的事情。那台湾的客户也需要这样子的一个营业来帮他服务，这样他才能够完全的放心嘛。但是那日本的客户来讲，他们也许是，因为他们就住在日本，他们对日本相当熟了，他不需要说我们再跟他多说什么。所以相对的[16]，有可能是，日本客人他是看物件去选营业。比如我看了「四ッ谷」四谷的物件，这个营业是陈小姐，我就找陈小姐；我看的新宿的物件这个营业是叶小姐，我就找叶小姐。但是台湾客户是看营业，然后让营业去帮他找他需要的房子。

だったり日本の不動産情報、地価など、さらには贈与税や相続税など税金に関わる問題まで理解しようとしています。

それもつまりは、葉さんと台湾のお客様の間に強固な信頼関係が必要だということですね。

おっしゃるとおりです。お客様は同じ言語でコミュニケーションをとると、信頼しやすいのでしょう。また、私たちはたくさんの細々とした手続きを手伝うことができます。台湾のお客様にとってもこのような営業担当者がいれば、安心しきることができるんじゃないでしょうか。しかし、日本のお客様は、日本に住んでいて日本について詳しいため、余計な説明を必要としていません。ですから相対的に、日本のお客様は物件を見て営業担当者を選んでいるのだと思います。たとえば四ツ谷の物件を見ていて、その営業が陳さんだったら陳さんに問い合わせる。新宿の物件を見ていて、その営業が葉さんだったら葉さんに問い合わせます。でも台湾のお客様は営業担当者を見てから、その人に自分が求める部屋を探させるのです。

---

[13] 资讯：情報(中国大陸では"信息"と言う)　[14] 认为说：一般的には"认为"のみでよい。"～说"は葉さんの口癖。"需要说"も同じ。　[15] 琐碎：細々としたこと、些末なこと
[16] 相对的：「～と比べると」「どちらかと言うと」という意味

(他把条件,)所以我们在客户看房子之前会做很多的沟通。对，我们会帮客户寻找，就是，对他比较有利的，符合他的负担的，然后有增值潜力[17]的地方的物件，来推荐给他们。客户要了A物件，我们不会单给A物件，会可能A，B，C,D多给他几个物件去参考，然后去跟他分享里面的好跟坏的地方。让客户去选择、比较。

——其实你们也是在给客户创造这个可能性。

对。对，没错。

——但是相对而言，你们的工作量是不是很大？

没错，相对而言就是会比较会花时间，在这上面。

——那，你工作起来会不会觉得有点辛苦呢？

这个就是工作的乐趣啊！我们可以接触很多不同的担当，然后帮客户规划他的资产。对。

ですから私たちはお客様が部屋を見る前にたくさんコミュニケーションをとります。お客様の部屋探しを手伝う際は、お客様にとって有利で、かつお客様の負担に見合っていて、値上がりの可能性のある場所の物件をお勧めしています。お客様が物件Aが欲しいと言っても我々は単純に物件Aを紹介したりせず、A・B・C・Dといくつかの物件を参考にしてもらい、それらのメリットとデメリットを共有します。お客様に比較した上で選択してもらっています。

本当は葉さんたちも、お客様にその可能性を作っているのかもしれませんね。

ええ、そうだと思います。

しかし相対的に言って、葉さんたちの仕事量はとても多いんじゃないですか？

そうですね。相対的に、わりと時間はかかりますね、この仕事は。

では、仕事をしていて、大変だなと思うことはないですか？

そこがこの仕事の醍醐味ですよ！たくさんの担当者と連絡をとり、お客様の資産を作り上げるお手伝いができるんです。

---

[17]潜力：潜在的な力、ポテンシャル

——然后客户也会给你反馈[18]。

そしてお客様からもフィードバックがもらえると。

没错，没错，没错。也许是他的一声赞美，也许是他买的房子真的投报率[19]很不错，然后他拥有[20]了，他还觉得很幸福。这个就是我们的最终目的。我觉得这是一件令我最开心的事情。因为他完成了美梦，相对我也就带来了财富。

そうそう。お客様からのお褒めの言葉かもしれませんし、お客様は購入した物件の利回りがよければ、不動産を持っていることをうれしく思うでしょう。これが我々の最終目標です。私にとって一番うれしいことだと思います。お客様は自身の夢をかなえ、それに応じて私にも富をもたらすのです。

——对。

そうですね。

对。

はい。

——对。双赢[21]！

そう、win-winですね！

所以是双赢。没错，你说得对（笑）

つまりwin-winです。おっしゃる通りです（笑）

---

[18] 反馈：フィードバック　　[19] 投报率：利回り　　[20] 拥有：持つ、保有する
[21] 双赢：双方にとって利益になる

DATA

・侯宇辉　Hóu Yǔhuī
　出身：遼寧省・錦州市
　年齢：50代
　職業：IT会社経営

　数年前にスポーツ関連のネットビジネスの会社を立ち上げた侯さん。多くの人がスポーツを楽しむためのサービスを提供しようと奮闘しています。

🔊 ウォーミングアップ　　　　　　　　　　　　　　⬇ DL 31

音声を聴いて空欄を埋めましょう。

1）那个时候她还不太【①　　　　　　】在中国生活，那时候中国
　还是一个很贫穷的【②　　　　　】。

2）其实我没有【①　　　　　　】地学过日语，我只是
　【②　　　　　　　　　】，别人说起哪些词儿我就记一些。

3）就是参考了美国呀，中国很多【①　　　　　　】的模式呢，
　决定自己开【②　　　　　　　】。

4）买了房子之后就【①　　　　　】呢，它【②　　　　　　　　】
　是很不一样的，和中国。

5）中国呢，实际上，在【①　　　　　　】以前呢，就开始一个
　中央从上至下的一种【②　　　　　　　】，而在日本呢，就
　一直在地方是一种自治的概念。

☑ 内容確認

インタビュー全文はp.131にありますが、できるだけ見ないで答えてください。

⇢ **インタビューpart 1を聴き、次の文が内容に合っていれば〇、そうでなければ×を選びましょう。** 〔⬇ DL 32〕

1）侯さんは中国で日本企業の子会社に勤めていた。	〇	×
2）侯さんは来日後、日本語学校に通った。	〇	×
3）侯さんはアマチュアのスポーツ選手である。	〇	×
4）侯さんの会社の提供するサービスは有料である。	〇	×

⇢ **インタビューpart 2を聴き、次の文が内容に合っていれば〇、そうでなければ×を選びましょう。** 〔⬇ DL 33〕

5）侯さんは日本で家を買って、ライフスタイルの違いに気づいた。	〇	×
6）中国の住宅でも、ごみの収集場所を掃除する当番がある。	〇	×

Point 　同じ遼寧省であっても、西部（錦州など）と東部（大連など）では言葉が大きく異なります。よく言われるのは、大連は第4声が多いのに対して、錦州は第2声が多く、語尾を上げる傾向にあるということです。舌歯音（zi, ci, si）を使わず巻舌音（zhi, chi, shi）を多用するのも錦州の特徴で、中国の漫才などによく登場し、中国全土で親しまれている東北方言も、錦州の言葉が一番近いそうです。

　侯さんの発音は少し不明瞭なところもありますが、実際にはもっと聞きとりづらい発音のネイティブも多いです。リアルな会話の一例として、聞きとりにチャレンジしてください。

① 准备

「準備する」という意味のほかに、「〜するつもりだ」「〜する予定だ」という
意味でもよく使われます。この場合、"打算"と置き換えられます。

我准备在将来呢，把所有的体育项目都做起来。

Wǒ zhǔnbèi zài jiānglái ne, bǎ suǒyǒu de tǐyù xiàngmù dōu zuòqǐlai.

将来はすべてのスポーツの種目を扱う予定です。

明天聚餐你准备怎么去?
——我准备坐地铁二号线去。

Míngtiān jùcān nǐ zhǔnbèi zěnme qù?
—— Wǒ zhǔnbèi zuò dìtiě èr hào xiàn qù.

明日の食事会にどうやって行くつもりですか?
——地下鉄2号線で行くつもりです。

为了改善员工的生活环境，公司准备在工厂附近建造两栋员工宿舍。

Wèile gǎishàn yuángōng de shēnghuó huánjìng, gōngsī zhǔnbèi zài gōngchǎng
fùjìn jiànzào liǎng dòng yuángōng sùshè.

従業員の生活環境を改善するため、会社は工場近くに2棟の従業員宿舎を建設する
予定だ。

- -

② A来A去

Aには同じ動詞が入り、同じ動作をあれこれと繰り返すことを表します。

后来做来做去，我发现这个工作实际上很有意思。

Hòulái zuò lái zuò qù, wǒ fāxiàn zhège gōngzuò shíjì shang hěn yǒu yìsi.

あとであれこれやってみて気づいたのですが、この仕事はじつはとてもおもしろい
んです。

谈来谈去，最终还是没有谈拢。

Tán lái tán qù, zuìzhōng háishi méiyǒu tánlǒng.

あれやこれや話し合ったが、最終的には合意には至っていない。

我好像迷路了，转来转去又回到了原地。

Wǒ hǎoxiàng mílù le, zhuàn lái zhuàn qù yòu huídàole yuándì.

道に迷ったみたい。ぐるぐる回って、元の場所に戻ってきてしまった。

他想来想去想不通老板为何要解雇自己。
Tā xiǎng lái xiǎng qù xiǎngbutōng lǎobǎn wèihé yào jiěgù zìjǐ.
彼はあれこれ考えたが、なぜ社長が自分を解雇しようとしているか、わからなかった。

---

③ 轮到

「〜の番になる」「〜の順番が回ってくる」という意味。"到"は動作が到達することを表す結果補語です。

居民轮流值班，大概半年会轮到一次。
Jūmín lúnliú zhíbān, dàgài bànnián huì lúndào yí cì.
住民たちが当番制をとっていて、だいたい半年ごとに順番が回ってくる。

我已经唱了两首，下面轮到你唱了。
Wǒ yǐjīng chàngle liǎng shǒu, xiàmiàn lúndào nǐ chàng le.
私はもう2曲歌ったから、次は君が歌う番だ。

前些年有一部名叫《轮到你了》的日剧很火。
Qián xiē nián yǒu yí bù míng jiào « Lúndào nǐ le » de rìjù hěn huǒ.
数年前、「あなたの番です」という日本のドラマがかなり人気だった。

我工作那么努力，可是晋升的机会总轮不到我。
Wǒ gōngzuò nàme nǔlì, kěshì jìnshēng de jīhuì zǒng lúnbudào wǒ.
仕事をあれだけがんばったのに、昇進のチャンスがなかなか回ってこない。

---

④ "有" を使った兼語文

["有"＋目的語＋動詞句]という語順で、"有"の目的語がうしろの動詞の主語を兼ねる構造です。目的語を先に提起し、あとから必要な情報を補足説明することになります。

在中国没有这类事情出现。
Zài Zhōngguó méiyǒu zhè lèi shìqing chūxiàn.
中国ではこのようなことはありません。

我有一个朋友在美国留学。
Wǒ yǒu yí ge péngyou zài Měiguó liúxué.
私にはアメリカに留学している友人がいます。

129

刚才有人打电话给你。

Gāngcái yǒu rén dǎ diànhuà gěi nǐ.

さっき誰かが君に電話してきた。

那家店服务很差，几乎没有客人光顾。

Nà jiā diàn fúwù hěn chà, jīhū méiyǒu kèren guānggù.

あの店はサービスがよくないので、ほとんどお客さんがいない。

公司虽小但发展潜力大，所以很少有人辞职。

Gōngsī suī xiǎo dàn fāzhǎn qiánlì dà, suǒyǐ hěn shǎo yǒu rén cízhí.

会社はたしかに小さいが成長が期待できるため、辞める人はとても少ない。

——今天啊，首先感谢您在百忙之中[1]啊，抽出时间愿意来接受我们的采访。那我的第一个问题呢就是想问，您是什么时候来日本的？然后为什么会选择日本的？

今日はお忙しい中取材に応じてくださって、ありがとうございます。最初にお聞きしたいのは、いつ日本にいらしたんですか？ なぜ日本を選んだのでしょうか？

啊，我是1997年来日本的，我来日本的原因其实很简单，那个时候因为我在日本的一家中国子公司工作，那个……我现在的太太去中国出差，我们认识，然后恋爱、结婚，然后我跟着她来到日本。那个时候她还不太适应在中国生活，那时候中国还是一个很贫穷的状态，我是这样很轻易[2]地就来到日本。

私は1997年に日本に来ました。日本を選んだ理由はとても単純で、当時、私はある日本企業の中国の子会社で仕事をしていました。今の妻が出張で中国に来た時に知り合って、その後、恋愛し結婚したんです。そして、私は妻について日本に来ました。当時妻は中国での生活に慣れなかったんです。中国はまだ貧しかったですから。そのような経緯で、私はスムーズに日本に来ました。

——啊，所谓的"职场结婚"，然后也是"国际结婚"。

いわゆる「職場結婚」だったのですね。そして「国際結婚」ですね。

是的。

そうです。

——那您到了日本的时候还不会说日语，是吗？会说吗？

では、日本に来た時には日本語はできなかったのですか？ 話せましたか？

啊，我不会日语，我……其实我日语到现在也说得也不好。

いや、日本語はできませんでした。じつは今でもちゃんと日本語が話せないんです。

---

[1] 百忙之中：お忙しい中　　[2] 轻易：簡単である、たやすい

——二十多年过去了……（笑）

二十数年が経ちましたが……（笑）

对，其实我没有真正地学过日语，我只是在工作当中，别人说起哪些词儿我就记一些。如果对方是擅长³沟通的人呢，我的日语进步就很慢；如果对方呢，就是说不太顾忌⁴我的时候，就是直接一直对我说日语的时候，我的日语能进步稍微快一点儿。

そうなんです。じつはきちんと日本語を勉強したことがなくて、仕事の中でほかの人が言った単語を少しずつ覚えました。相手のコミュニケーション能力が高いと、私の日本語はなかなか進歩せず、相手があまり気にせず、ずっと私に日本語で話しかけてくると、私の日本語が多少進歩するといった感じです。

——那等于日语是现学现用⁵了。

学んだそばから使っていく感じですね。

是。

そうです。

——哦。那接下来就是第二个问题了。我听说您呢，在日本拥有自己的公司，而且事业发展得也是有声有色⁶。所以我想知道一下您大致的这个业务内容，可不可以跟大家分享一下？

つづいて２つ目の質問です。ご自分の会社をお持ちで、その事業もかなり順調と伺いましたが、どのような業務内容なのでしょうか？皆さんにご紹介いただけませんか？

我大致的业务呢，是属于，近几年来到了互联网时代之后呢，就是参考了美国呀，中国很多互联网的模式呢，决定自己开一家公司。主要做的呢，是「アマチュアスポーツ」，

私の仕事は、数年前にインターネットの時代になった後で、アメリカや中国のいろいろなインターネット企業のモデルを参考に、自分の会社を立ち上げました。主としてやっているのはアマチュアスポーツです。人々がやっているア

---

³擅长：上手である、優れている　⁴顾忌：気兼ねする
⁵现学现用：人から学んだことを付け焼き刃で使う、受け売りする
　⁶有声有色：《成語》生き生きとしている、うまくやっている

也就是群众业余体育，对群众的业余体育提供那些服务，是数字化的服务，「デジタル」。它呢，可以记录呢，你群众业余体育当中呢，你比赛啊，你的比赛数据啊，以及你练习数据啊，等等。

マチュアスポーツにサービスを提供しています。デジタル化のサービスです。それを使うと、たとえばスポーツの試合や、試合のデータ、練習時のデータなどを記録できます。

——什么样的比赛都可以吗？

どのような試合でもいいんですか？

到目前呢，我只是做了棒球，baseball，它那个「野球」。它……我准备^①在将来呢，把所有的群众体育的项目都对应⁷下来，这样一来呢，大家都有一个，就是你在人生的过程当中呢，都能查到你从小学到中学、大学，以至在社会人你做过的那些体育活动都能够有一个记录，这样会好一点儿。

現在は野球だけですが、将来的にはすべてのスポーツ種目に対応できるようにする予定です。そうすればみんなが、自分の人生の中で小学校、中学校、高校、大学、さらには社会人になってからどんなスポーツをしたのか、記録を調べることができます。そうなるといいですよね。

——有一点像日记，这种感觉，是吧？

日記みたいな感覚ですね？

对，它是一种人的体育日记。

そう。人のスポーツ日記と言えるものです。

——哦，对他们而言是免费的吗？

ユーザーは無料なんですか？

对，完全是免费的。

ええ、まったく無料です。

---

⁷ 対応：ここでは「対処する」「取り扱う」という意味

——哦，是这样子。那就是说，是不是可以说有点半公益性的？

おお、そうなんですね。つまり、半公共的なサービスと言えるんでしょうか？

对，基本上是半公益的性质。一开始的时候想多了[8]，可能我开这个公司收入会很高，后来做来做去发现那个大家，实际上，做起来很有意思，实际上就慢慢地我也融入[9]到里面，做起来觉得这也是对社会的一种贡献哈。而且我的公司也并不大，不需要那么多的钱。

はい。基本的に半分は公共的な性質ですね。最初はよく考えず、会社の収益が大きく見込めると思ったんですね。でもみんなでやりだしたら、実際とてもおもしろい仕事だと気づいて、自分も徐々に打ち込んできて、これも一種の社会貢献だなと思ったんです。それに私の会社はけっして大きくないので、それほどたくさんのお金は必要ないんです。

——哦……

そうですか。

发现用的人很多，你会很高兴的，你做的东西觉得价值很高。

使っている人が多ければうれしいし、自分が作ったものは価値があるなと思うわけです。

——真的是，我知道了。
那您以后有什么想法吗？在这个工作上有什么梦想或者说目标？

おっしゃる通りですね。わかりました。
では今後について、何かお考えはありますか？　たとえば仕事上の夢とか、目標とか。

以后的想法呢，就是希望那个，对那个整个的这个，对日本从小学生开始哈，把它那个体育活动啊这些东西都提供全方位的服务，他的家长啊，他周围的朋友啊，能分享这

今後は、全体的なもの、日本では小学生から、スポーツを通して多面的なサービスを提供したい。保護者や周りの友だちも、そのスポーツを通して楽しみを分かち合っています。私が実際にやりたいのはこれで、もちろん私もその

---

[8] 想多了：考えすぎた。ここではやや自嘲を込めて「余計なことを考えていた」「甘く見ていた」というニュアンス。　　[9] 融入：溶け込む、馴染む、積極的に関わる

134

种那个体育带来的快乐，我实际上要做的就是这些，当然我也跟着一起分享这种快乐。

楽しみを一緒に分かち合うんです。

——是吧，能给，就是说大家带来快乐的这种工作确实很有意思啊。

そうですか。みんなに楽しみをもたらす仕事って、本当に有意義ですね。

是的。

ええ。

——是吧，我也很期待！

期待しています。

好，谢谢！

ありがとうございます。

—— 那您在日本已经打拼了20多年，而且有自己的事业，面对的客户或者说消费人群也大多都是日本人，那所以我特别想知道，就是您是如何去看待中日两国之间存在的差异呢？当然这个差异肯定很多，您可以举一个比较典型的例子。

侯さんは日本で二十数年がんばって、ご自身のビジネスでは、お客さん、あるいは消費者のほとんどは日本人ですね。そこで私がすごく知りたいのは、侯さんは中国と日本の違いをどう見ていますか？もちろん相違点はとても多いので、何か典型的な例を挙げていただけますか？

好的，那个，我，在我个人的生活当中呢，我觉得最大的差异呢，就是，日本是一个自治，"自治体"的那个概念的印象，差异这方面。

いいですよ。私個人の生活で、一番大きな違いは、日本には自治、つまり「自治体」という概念があるという印象です。違いという面では。

—— 自治体。

自治体？

对。它那个，比如说，我在一个居民区里面，在日本买了一套房子，我那个，我们的同事也都买了房子。买了房子之后就发现呢，它生活方式是很不一样的，和中国。

そうです。たとえば、私は日本でとある住宅区に家を買ったんです。同僚も家を買いました。家を買ってから気づいたのですが、そのライフスタイルが中国と大きく違うのです。

—— 嗯，什么不一样？

どこが違うのですか？

比如说在中国，买了房子之后就没有那么些的，他没有想到那么多，总要有一个物业公司[10]啊来管理啊，

たとえば、中国で家を買った後は、何もそんなに多くを考える必要はなくて、必ずどこかの管理会社が管理をしてくれるか、もう一つ上

---

[10] 物业公司：不動産管理会社。"物业管理公司"の略。

或者是由上一级的居委会[11]来管理，等等。可是，在日本呢，是自治，自治呢，就是说，大家生活在这个地区的人呢，他自己来管理，那么他就会决定，这样大家一起那个值班[12]啊。做那个，一起收垃圾啊，收垃圾就是半年轮到③你家，你来值班你来清扫，这些垃圾收集点[13]周围的卫生啊等等的，比如说，你来张罗[14]这个本区域的小孩子上学，组织几个人，早晚的话呢，去在那个斑马线[15]护送[16]小孩子上下学呀，等等。在中国呢，是没有④这类事情出现的。就是说，总是要有专人[17]来管。

——对，好像总是要外包[18]给谁。

对对对，这个，它是产生一个比较深的一个文化差异。中国呢，实际上，在一千年以前呢，就开始一个中央从上至下的一种管理模式，而在日本呢，就一直在地方是一种自治的概念。它不只是各都道府县你

のレベルで居民委員会が管理してくれます。でも日本では自治、自治なんですね。つまり、この地区に住んでいる人が自分たちで管理するものですから、当番を決めるわけです。たとえば一緒にごみの回収をするなら、半年に1回当番が回ってきて、収集場所の周りを掃除して、きれいにしておくとか。たとえば地区の子どもの通学についても、何人か集まって、登下校時に横断歩道のそばで見守るとか。中国ではこんなやり方は見たことがなくて、必ずだれか専任の人が管理します。

そうですね、必ずどこかにアウトソーシングしているようですね。

そうそう。これはけっこう大きな文化の違いだと思います。中国では、実際1000年以上も昔から、中央が上から下へ管理するというモデルがありますが、日本ではずっと自治の概念があるんです。各都道府県が財政面で各自のエリアを管理するだけでなく、小さな住宅区も、もっと小さい単位では

---

[11]居委会："居民委员会"の略。日本の町内会と似た位置づけだが、実質的には行政の末端組織という性格もある。　[12]值班：当番になる、当直をする。
[13]垃圾收集点：ごみの収集場所　[14]张罗：手配する、スケジュールする（"安排"の俗語）
[15]斑马线：横断歩道　[16]护送：付き添う、護送する　[17]专人：専任者
[18]外包：アウトソーシングする、専門業者に依頼する

在财政上自己来管理这一块，而且你小到¹⁹居民区都是要，小到居民区，小到家庭它都是这种样儿的管理方式，所以它带来的差异也是很大的。

家庭でもこのような管理方法をとっていて、大きな違いがあります。

——哦哦，等于是不是可以说把责任和权力都分摊给，就是最下面的阶层？

つまり、責任と権力を一番下の階層に分け与えていると言ってもよいでしょうか？

是，是这样的。就是说这样分呢，而且它呢，从此衍生²⁰一个教育上的问题，教育上的问题也就是说，它呢，小孩子会模仿²¹父母，那么你父母如果不能改变自己的这种，把生活方式改变一下的话，那么他小孩子他也会这样想这样，这样一来呢，就会产生一些下一代²²的不和谐²³的因素。

そうです。そういうふうに分けているみたいです。ここから1つ教育上の問題が生まれます。教育上の問題というのは、つまり、子どもは親の真似をします。もし両親が自分のライフスタイルを変えられないのであれば、子どもも親と同じように考えるのです。そうすると、次世代で周囲とうまくいかないことが出てきます。

——是吧，那小孩子自己本身可能也会比较难办一些。

なるほど、子ども自身がそれを処理するのは少し難しいですね。

对的，他在学校的时候，他那个小伙伴是这样一种观点，然后你在家里灌输²⁴的是这样一种价值观，对吧，是很麻烦的一件事。

そうです。学校に上がった時に、周りの友だちはこういう考え方で、家庭で培ってきた価値観はそれと違う、となると少し面倒ですね。

---

¹⁹ 小到：〜のように小さなことでも。"大到…小到"の形でよく使われる。
²⁰ 衍生：派生する　²¹ 模仿：まねる　²² 下一代：次の世代
138 ²³ 不和谐：不調和　²⁴ 灌输：植え付ける

——讲好听点儿可能是文化的冲突，那么讲得，对小孩子来说的话，他可能觉得会觉得比较难受啊。

よく言えばカルチャーショックのようですが、（悪く言えば）子どもにとっては少々つらい体験かもしれません。

对，他是两边儿都有点儿接受很困难的。

そうです。子どもは両面でつらいです。

——是吧，那所以如果能给家长提供一些，就是说让他们能够理解，或者说能够融入到这个日本社会的一个契机，那就好了，是吧。

そうですね。だから保護者に、彼らが理解できるような、日本社会に溶け込めるようなきっかけを与えられるといいなと思います。

是啊，这个需要自己呢，多看、多问，然后跟着那种学习啊，或者融入的那样，多想。

そうですね。自分でよく見て、よく質問して、それで真似して習得していく、もしくは溶け込んで、よく考える必要があります。

——是吧，还是要看[25] 个人的努力。

そうですね。個人の努力次第ですね。

对对。

そうです。

---

[25] 看：～次第である

采访 12 王陽 さん

DATA

- 王阳 Wáng Yáng
  出身：江蘇省・常州市
  年齢：30代
  職業：映像クリエイター

　YouTubeなどで中国関連の情報を発信するほか、NHK Eテレの中国語講座でも活躍中の王さん。明るくフレンドリーな人柄で高い人気を博しています。来日の経緯やふだんのお仕事について、存分に語ってもらいました。

🔊 ウォーミングアップ　　　　　　　　　　　　　　⬇ DL 34

音声を聴いて空欄を埋めましょう。

1）我也【① 　　　　　　 】我能在日本【② 　　 】这么久。

2）当时【① 　　　　　　 】吧，我才高中生嘛，高中生嘛就没想那么多啊，就以一种【② 　　　　　 】的这种心态。

3）我想我中国人的话，那【① 　　　　　 】就是教中文了，对不对，就是我一门最大的【② 　　　 】了嘛。

4）因为【① 　　　 】想要每天每天做的话，那是一个非常累非常累的事情，所以【② 　　　 】要有一套模板吧。

5）你只能用这个语言去跟别人【① 　　　 】，周围人都不会【② 　　　　 】怎么办？

✔ 内容確認

インタビュー全文はp.144にありますが、できるだけ見ないで答えてください。

▶ インタビューpart 1を聴き、次の文が内容に合っていれば○、　⬇ DL 35
　 そうでなければ×を選びましょう。

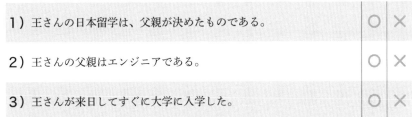

１）王さんの日本留学は、父親が決めたものである。	○ ✕
２）王さんの父親はエンジニアである。	○ ✕
３）王さんが来日してすぐに大学に入学した。	○ ✕

▶ インタビューpart 2を聴き、次の文が内容に合っていれば○、　⬇ DL 36
　 そうでなければ×を選びましょう。

４）王さんは最近になってYoutubeを始めた。	○ ✕
５）王さんは中国語を教える時、専門用語にこだわらない。	○ ✕

▶ インタビューpart 3を聴き、次の文が内容に合っていれば○、　⬇ DL 37
　 そうでなければ×を選びましょう。

６）王さんの考えでは、中国語は動画を見て勉強するのが一番である。	○ ✕
７）王さんは日本と中国を恋人同士にたとえている。	○ ✕

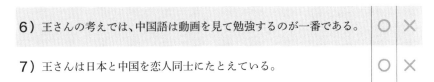

Point　テレビの語学番組で活躍されている方なので、発音はごく自然で聞き心地がよいでしょう。話し上手で、表現も豊かです。リラックスしたインタビューならではの、ふだん聞けないような砕けた表現も必聴です。

① 类似于～

「～と類似している」という意味で、"于～"が対象を表します。

他们去日本工作的性质类似于交换。
Tāmen qù Rìběn gōngzuò de xìngzhì lèisìyú jiāohuàn.

彼らが日本に仕事に行くというのは、交換のようなものです。

这是一种类似于杂技的运动。
Zhè shì yì zhǒng lèisìyú zájì de yùndòng.

これは雑技に似たスポーツです。

※ "类似" は動詞としても形容詞としても使えます。

今后要避免发生类似事故。
Jīnhòu yào bìmiǎn fāshēng lèisì shìgù.

今後は類似する事故を回避しなければなりません。

新产品的色彩与老产品类似，但外观截然不同。
Xīn chǎnpǐn de sècǎi yǔ lǎo chǎnpǐn lèisì, dàn wàiguān jiérán bùtóng.

新製品の色は既存の製品と似ているが、外観ははっきりと異なる。

※ 似た意味の語に "相似" があります。"类似" はだいたい似ている程度であるの
に対して、"相似" はより共通点が多いと言えます。

---

② 按照～

「～に沿って」「～に基づいて」という意味の介詞で、文頭に置かれることも
多いです。

按照这个路子去做。
Ànzhào zhège lùzi qù zuò.

この方法に従ってやる。

按照学校的计划，将在六月一日举办运动会。
Ànzhào xuéxiào de jìhuà, jiāng zài liù yuè yī rì jǔbàn yùndònghuì.

学校の計画どおり、6月1日に運動会を行う。

机器人按照设计好的程序工作。
Jīqìrén ànzhào shèjìhǎo de chéngxù gōngzuò.

ロボットは設計されたプログラムに沿って作業をする。

---

③A 也好，B 也好

「Aであれ、Bであれ」という意味で、よく"不管""无论"などとも一緒に使われます。同じ意味で、"A 也罢，B 也罢"という言い方もあります。

比如说推特<u>也好</u>，日本的雅虎新闻<u>也好</u>，中国的微博<u>也好</u>，反正都是以 dis 居多。

Bǐrú shuō Tuītè yě hǎo, Rìběn de Yǎhǔ xīnwén yě hǎo, Zhōngguó de Wēibó yě hǎo, fǎnzheng dōu shì yǐ dis jūduō.

Twitter でも、日本の Yahoo ニュースでも、中国の微博でも、ディスることが多い。

不管是去<u>也好</u>，还是不去<u>也好</u>，你都告诉我一声。

Bùguǎn shì qù yě hǎo, háishi bú qù yě hǎo, nǐ dōu gàosu wǒ yì shēng.

行くか行かないか、いずれにせよ私に一言教えて。

信<u>也罢</u>，不信<u>也罢</u>，反正我没骗你。

Xìn yěbà, bú xìn yěbà, fǎnzheng wǒ méi piàn nǐ.

信じようと信じまいと勝手だけど、どちらにしても私はあなたに嘘はついていない。

——好的，那，能为大家介绍一下，就是您个人的一些情况嘛，比如说您什么时候来到日本？

いつ日本に来たのかなど、ご自身のことを少しお話ししていただけませんか？

我就是2002年来到日本，今年是第20年。

2002年に日本に来ました。今年で20年目になります。

——20年了。

もう20年経つんですね。

我也没有想到我能在日本待这么久。我刚来日本上大学的时候，旁边坐了一个香港人应该是[1]，他说他来了六年了，我说；"哇，六年，这么长！"，这很难想像六年这个时间嘛，现在想20年了，我都，就是在中国的人生日本的人生一半一半的感觉。

私も日本にこれほど長く滞在するとは思いませんでした。私が日本に来て大学に入ったばかりの頃、隣に座っていた、たしか香港の人でしたが、その人が来日して6年だと聞いて、「えっ6年？　そんなに長いの」と言っちゃったんです。6年という時間をとても想像できなかったんですよ。今思うと20年も経っていて、日本と中国でそれぞれ人生の半分ずつを過ごしたという感覚です。

——那您就是当时是为什么想到要来日本留学呢？

当時はなぜ日本へ留学しようと思ったんですか？

其实是跟我爸爸，跟我父亲有关系。他N年前[2]吧，89年的时候应该是，89年的时候，他作为这个国家公派[3]

父の影響ですかね。何年か前、たしか1989年だったか、父は国費派遣で……当時は留学生とは言わないと思いますが、何て言うんだ

---

[1] 应该是：「そうかな、そのはずだ」というニュアンス
[2] N年前：数年前。若者言葉で、「何年も」「何回も」など、不定だが多数であることを表す時にNを使う。　[3] 公派：国費によって派遣する

的，那个时候应该不能叫学生，叫，怎么说叫，就是我印象中啊，我听我爸爸讲那时候，有很多各行各类的人，他们就是作为一种类似于交换一样，也不是交换，就是会到日本的各个这个工作岗位去。工作，研修等于说是 [4]。对对。

ろう。とにかく私の印象では、父は、当時さまざまな業界の人がいて、一種の交換、交流という形で日本のさまざまな職場に行っていたんです。そう、つまり研修ですね。

——哦，研修性质，是交换，那日本人也到中国去吗？

研修ですか。交換なら日本人も中国に行ったんですか？

那个我就不知道了。反正我爸是学医的嘛，他就到日本名古屋的一个医院去工作了一年，可能那个就是对我来日本影响很大。因为那时候之后也会有一些就是日本朋友来中国玩儿嘛，所以那时候因为肯定要见面，对不对？

それはわかりませんが、いずれにせよ私の父は医学が専門だったので、名古屋のある病院で1年間働いていました。私の来日は、その影響が大きかったかもしれません。その後も日本の友だちが中国に遊びに来たりすると、会うようになるじゃないですか。

——对对对。

そうですね。

你肯定要会说几句「あいさつ」，对不对？

そしたら多少あいさつができないといけないでしょ。

——对对对。

そうですね。

---

[4] 等于说(是)：つまり〔口語〕

「こんにちは」就这种这种，这可能就有一些耳熏目染[5]的一些影响。

「こんにちは」のようなあいさつをするので、よく耳にしているといつの間にか身につくものなんですね。

——那所以因为您父亲的原因，您也是认识了一些日本人，然后听了一些日本的这个语言啊，各方面就会觉得比较亲切，然后就决定到日本来留学了吗？

では、お父さんのおかげで日本人の知り合いができて、日本語という言語を聞くことがあり、いろんな面で日本に親近感が湧いて、それで日本に留学することに決めたということでしょうか？

其实也不是我决定的，是我……我爸问我你要不要去日本，当时比较小吧，我才高中生嘛（笑），高中生嘛就没想那么多啊，就以一种来旅游的这种心态。本来想考国内大学嘛，但是考了但是没去，所以就来日本先上语言学校，上了一年语言学校之后就考了日本大学。

じつは自分で決めたわけでなく、私の……父に日本に行くかと聞かれ、当時はまだ幼く高校生だったので（笑）、深く考えないで、旅行に行くような気持ちでいました。本当は中国の大学に行くつもりでしたけど、結局行かずに、日本でまず語学学校に1年間通ってから日本の大学を受験しました。

——上了一年语言学校？

語学学校に1年間通ったのですか？

对对对。

ええ。

——就是来日本以后才开始学日语的。

つまり日本に来てから日本語を学びはじめたんですか？

基本上是，在国内学了大概四个月左右吧。

ほぼそんな感じです。中国でも4か月くらい学びましたが。

---

[5] 耳熏目染 ěr xūn mù rǎn：《成语》聞き慣れるうちに自然と身につくこと。一般的には、"耳濡目染"のほうがよく使われる。

――四个月左右，哇，那还是很拼[6]的。

4か月ほどですか、よくがんばりましたね。

没有没有没有，就稀里糊涂[7]这样过来了。

そんなことないです。わけがわからないうちに過ぎましたよ。

――学完了以后，那你在日本应该工作很多年了，对不对？

卒業した後は、日本で長年仕事をしているんですよね？

对对对，我07年参加工作[8]。

はい、私は2007年から仕事を始めました。

---

[6] 拼：全力でがんばる
[7] 稀里糊涂 xīlihútú：はっきりした目標意識を持たずに、うかうかしている
[8] 参加工作：就職する、仕事を始める。会社や役所などの組織での仕事に使われる表現。フリーランスや個人経営を含む場合、"开始工作"を使う。

——哦，那是什么样的一个因缘巧合⁹，就是说让你遇见了NHK，或者说NHK发现了您呢？

どのようなきっかけでNHKと出会ったんですか？　もしくはNHKはどうやってあなたを見つけたんですか？

YouTube。

YouTubeです。

——YouTube，啊，您是先从YouTube开始的？

まずYouTubeから始めたんですか？

对对对对对，对，我很早就开始传¹⁰视频了，大概是2013年左右吧。那时候还没有YouTuber那这样的说法。

ええ、私は早くから動画を投稿していました。2013年頃だったかな。あの頃はまだYouTuberという言い方もなかったです。

——噢，是吗。

そうなんですか。

对对对对对。

はい。

——那你当时传的是什么内容？

当時はどんな内容をアップしていたんですか？

就是教中文的内容。

中国語を教える内容のものです。

——就是教中文？

中国語を教えるんですか？

对对对，所以NHK人才会看到这个视频。

ええ、だからNHKの関係者がその動画を見てくれたんです。

⁹因缘巧合：(偶然の)めぐりあわせ、きっかけ
¹⁰传：アップロードする（"上传"の略）

——啊，你当初为什么想到要传教中文的这个内容呢？是因为周围生活，平时生活里头会有教中文的这些情况吗？

当時はなぜ中国語を教える動画をアップしようと考えたんですか？周りで、ふだんの生活で、中国語を教えるような場面があったからですか？

没有。啊，会有，在这个职场，在工作地方，或多或少[11]因为你中国人，大家都有事没事[12]让你……

ないですね。あ、あります。職場で、仕事の際に、私が中国人なので、多かれ少なかれ、事あるごとに……

——问你。

聞かれる？

对，这什么意思或者是让你教周围几个人这样这样这样。所以我就在想，那个时候我刚开始接触YouTube嘛，就挺有意思，看视频嘛，但我做什么好呢？我想我中国人的话，那最方便就是教中文了，对不对，就是我一门最大的武器了嘛，所以就，那时候就开始时不时[13]地传一些教中文的视频。

そう、これはどういう意味だとか、周りの人にこれこれを教えてあげて、とか。そこで考えたのですが、当時ちょうどYouTubeを知ったばかりで、動画を見るのはおもしろいな、でも自分はどんな動画を作ったらいいかなと。私は中国人なので、一番手っ取り早いのは中国語を教えることだろうって。私にとって最大の武器でしょう？その頃から時々、中国語を教える動画をアップするようになりました。

——因为我这两天看了您的视频，看了还不少，看了不少视频，我好佩服您呀，就是我觉得做视频也是一种创意[14]啊，必须得有很多点子。您这些点子是您，就是您，您觉得是您刻意[15]去想的，还是说就是，就是每天生活中间就是不经

私もここ数日、王さんの動画を見ました。たくさん見たんですが、とても素晴らしかった。動画を作るのはクリエイティブな仕事で、たくさんのアイデアが必要ですね。こういうアイデアを意図して考えているのでしょうか？　それとも毎日の生活の中で、無意識のうち

---

[11] 或多或少：多少なりとも。"多少"だけでも同じ意味になる。
[12] 有事没事：何かにつけ、事あるごとに　[13] 时不时：たびたび
[14] 创意：クリエイティブな仕事　[15] 刻意：意図的に（＝"特意""有意"）

意的就冒出来，然后你觉得好就把它给留下来了？

に、ふっと沸いてきて、それを書き留めるんでしょうか？

不会，这肯定是要去刻意想的，你不可能说每天这个灵光……不是一闪[16]，是N闪了，没有没有这样情况，肯定要自己去想，觉得哎，可能这样的说法来讲，大家可能在教科书上可能没有，可能，但是日常生活中可能中国人用得比较多，可能会有这样，就把它记下来。

そんなことないです。まちがいなく、わざわざ考えているんです。毎日カメラのフラッシュみたいに簡単にパッと思いつくことはありえません。ピカッと瞬間的に思いつくのではなく、自分で考えるんです。この言い方は教科書にないけど、日常生活の中でよく中国人に使われているなと感じたら、メモしておきます。

——您是有一套自己的方法论吗？

自分の方法論はあるんですか？

没有。

ないです。

——没有。就是(但是)还是凭[17]感性。

ないんですね。やはり感性が頼りですかね。

也不是方法论，就是说可能有这样一个，因为如果想要每天每天做的话，那是一个非常累非常累的事情，所以肯定要有一套模板[18]吧。就是可能按照这个路子做的话，你可以大量地去拷贝[19]它。但是讲内容是需要考虑的。虽然可能只讲一个短句，但我还想要怎么去讲会比较明白一些，或者是，我不太喜欢用这种专

方法論というより固定したパターンはあります。なぜなら毎日やり続けると、非常に疲れることだから、必ずある種の型が必要なんです。それに沿って作れば、大量にコピーすることができます。しかし、内容は考える必要があって、たとえば、教えるのが短いフレーズ1つであっても、どうやって説明したらよりわかりやすいか考えます。私は専門用語を使うのがあまり好きではなくて、ここは名詞で、ここが動詞とか……。フレー

---

[16] 灵光一闪：《成语》(新たな案などを)思いつく　　[17] 凭：〜に頼る　　[18] 模板：型、テンプレート
150　[19] 拷贝：コピーする、複製する

业术语[20]，这个地方是名词，这个地方是动词，这个前面，我觉得这个你让我记个句子很难，我还先要记这些专业术语，我觉得这个对我来说，我觉得是个比较痛苦的事情。

ズを覚えるのが難しい時、その前にこれらの専門用語をまず覚えなければならないとしたら、私にとってはけっこう苦痛です。

——对对对，这点我很佩服您，因为我觉得您讲得非常地自然，但是呢，又毫不松垮[21]。

そうですね、その点において、とても感心しています。というのも王さんは話し方がとても自然で、それなのにだらだらせず、すっきりしているから。

没有，你没看到我剪掉很多东西（笑），我说上几十遍也有可能。

いえいえ、カットした部分を見ていないからですよ(笑)。何十回も繰り返しやっているので。

——那你每天在编辑上面是不是要花费大量的时间？

じゃあ毎日編集するのに長時間かかるんですか？

就是长的视频是需要的，短的视频的话好一点。长的比如说10分钟的视频的话，可能我拍就要拍掉30分钟，剪掉20分钟，加上后期，这样的话就一个视频肯定需要就是一两天或者更长的时间。

短い動画はまだしも、長い動画だったら時間がかかります。たとえば10分ほどの動画であれば、撮影は30分で、20分ぐらいカットして編集します。そしてその後の工程も含めると、1本の動画を作るのに1〜2日、もしくはもっと長い時間がかかります。

——台上一分钟……

たった1分の演出でも……

台下十年功[22]嘛（笑）

10年もの下積みが必要ですね(笑)

——对对对。

その通りですね。

---

[20] 专业术语：専門用語　[21] 松垮：(形にならず)たるんでいる、だらだらする。"松松垮垮"とも言う。　[22] 台上一分钟，台下十年功：《ことわざ》舞台に立つのがたった1分間でも、舞台裏で10年の下積みが必要である。京劇に由来する言葉。

——那您在教学的过程中，因为你也会收到很多你的受众[23]与听众[24]的反馈，你个人觉到，就是说你对日本人学习汉语你有什么一些具体的建议？

では、中国語を教える中で視聴者からの反応があると思いますが、日本人が中国語を学ぶのに、王さんからの具体的なアドバイスはありますか？

最好就是去中国。

中国に行くのが一番ですね。

——最好就是去中国。

それがベストですか。

我是觉得这是可能这个太普遍了吧，回答，就是去中国。一是我觉得，你在那个语言环境下你学得肯定是最快的，就是你没办法，你逼着你，你只能用这个语言去跟别人交流，周围人都不会讲日语怎么办？你只有用你这个非常「へたくそ」的中文跟别人讲话，对不对？但在过程当中你会慢慢学习慢慢学习。第二就是，我觉得，就是抛开[25]语言之外了，你可以去中国看一下，现在中国是什么样子的，对吧。可能日本报道和中国报道，或者在当地会看到不一样些东西吧。

一番メジャーな回答が、中国に行くことだと思います。中国に行くのは、第一に、その言語環境なら必ず早くマスターできるということ。しかたなく、自分でその環境に追い込むんです。その言語でしか他人とコミュニケーションができなくて、周りの人が日本語を話せなかったらどうするか？「へたくそ」な中国語で人と話すしかないでしょう？ でもその過程で、徐々に徐々にマスターしていくんです。そして第二に、言語と関係ないのですが、中国に行って今の中国がどんなものか見てみてもいいのではないかと思います。日本と中国のニュースで放送されていることも違うかもしれないし、現地に行けば違うものが見えてくるでしょう。

——对。

そうですね。

---

[23]受众：聴衆、観客など、受け取る側のターゲットのこと   [24]听众：聴衆、リスナー
[25]抛开：投げ捨てる。ここでは“抛开语言之外了”で「言葉は放っておいて」くらいのニュアンス。

这两种，出发点我是觉得是这样的。	私が思うに、出発点はこの２点ですね。
——这两年中国发展得非常地快。	ここ数年の中国の発展は急速ですからね。
对对，每次我回国，我一年回国一次我都觉得"哦，原来有这样的东西。"会有这样的感觉。	ええ、毎年１回帰国しますが、その度に「こんなものがあるなんて」と感じさせられています。
——对，可能不光是外国人，就是中国人我们自己回去都会觉得这样。	そうですね。外国人だけではなく、中国人自身が帰国してもそう感じるかもしれません。
去买根油条还要扫二维码[26]呢。	油条（揚げパン）を買うにもQRコードをスキャンしなければならない。
——对。那就，那我们就进入最后一个问题了，就是……	そうですね。では、これが最後の質問ですが……
啊，最后一个问题，好。	最後の質問ですね、はい。
——对，那个，哎呀，说到中国跟日本，这不同点太多了。	中国と日本と言えば、相違点があまりに多いです。
太多太多。	多いですよね。
——对，在这里就请您说出比如说一个或两个，比如说您觉得最大或者最有意	ええ。１つ２つ例を挙げて、たとえば日中の最大の違いはどこか、または、一番おもしろい違いはど

---

[26] 二维码：２次元バーコード。「バーコードを読み取る」は"扫二维码"と言う。

思的不同点，你看在哪里呢？

我觉得中日两国就像一个一天到晚[27]吵架但又不分手的男女朋友。三天一小吵五天一大吵这种感觉，但是你又不分手，你分不了的感觉。时不时的还要挖苦[28]一句。你看这个人这个人这个人怎样，但是一会儿可能又和好了，这种感觉。你看这个两国的，比如说推特[29]也好[③]，日本的这个雅虎新闻[30]也好，看中国的微博[31]也好，反正都是以dis[32]居多[33]吧，对不对？都是以互相，这个报道互相的负面的新闻居多吧。

——这个是比较多，对。

对吧。但是这个……有个词怎么说的，叫"政冷经热"。

——啊，政冷经热。

对对对。就是你表面上是吵架，但你背后你却一直拉着手不放，这种感觉。

こだと思うか教えていただけませんか？

中国と日本は、しょっちゅうケンカするけど別れないカップルだと私は思います。3日に1回は小さなケンカ、5日に1回は大きなケンカという感じで、でもなかなか別れません。別れられないんです。時々皮肉を言ったりもしますが、「この人なんでいつもこうなの？」みたいな。でもすぐ仲直りする。Twitterも、日本のYahoo!ニュースも、中国の微博も、いずれにせよディスることが多いのではないでしょうか？ お互いネガティブなニュースを報じることが多いんです。

たしかに多いですね。

これってなんて言うんでしたっけ？「政冷経熱」という言葉通りですね。

「政冷経熱」ですか？

ええ、表面上はケンカが多いのですが、裏ではずっと手放せない存在という感じです。

---

[27]一天到晚：四六時中、しょっちゅう　[28]挖苦：皮肉を言う　[29]推特：Twitter
[30]雅虎新闻：Yahoo! ニュース　[31]微博：微博、中国版のTwitterと言われるSNS
154 [32]dis：否定する、侮辱する。日本語の「ディスる」と同じ。[33]居多：多数を占める

——互相需要的。

お互いに相手が必要なのですね。

对，还是需要的。但是你看，就离这么近的一个国家，我觉得今后还是得好好儿这个……

その通りです。でもこんなに距離が近い国ですから、今後はやはり仲よく……

——相处。

付き合っていく。

啊，对。抬头不见低头见³⁴，你跟你邻居，你出门就骂他一句，这个不太好吧。我是这么感觉啊。

そうです。常に顔を合わせる間柄ですから、出かけるたびに近所の人のことを悪く言うのはよくないだろうと。そう思います。

---

³⁴抬头不见低头见：《ことわざ》頭を上げると見えないが、下げると見える。家族や近所の人など、いつも顔を合わせている間柄を表す。

解 答

(采访 01) 林若溪さん

◀)) ウォーミングアップ ➡p.6

1) ①工资　②服务
2) ①广告　②过年
3) ①应该　②分享
4) ①吃　②聊聊天儿
5) ①告诉　②随便

☑ 内容確認 ➡p.7

1) ✕　2) ✕　3) ◯　4) ✕
5) ✕　6) ◯

(采访 02) 陳涵さん

◀)) ウォーミングアップ ➡p.18

1) ①程度　②学习
2) ①很久　②犹豫
3) ①不同　②更加
4) ①数学　②简单
5) ①打工　②赚钱

☑ 内容確認 ➡p.19

1) ✕　2) ◯　3) ◯　4) ✕
5) ◯　6) ✕

(采访 03) 劉隆年さん

◀)) ウォーミングアップ ➡p.28

1) ①体验　②国外
2) ①关系　②出版社
3) ①辛苦　②自己
4) ①彻底　②内心
5) ①享受　②还是

☑ 内容確認 ➡p.29

1) ✕　2) ✕　3) ✕　4) ◯
5) ◯　6) ✕

(采访 04) 範正圓さん

◀)) ウォーミングアップ ➡p.40

1) ①逐渐　②自由
2) ①患者　②沟通
3) ①一直　②保持
4) ①服务　②满足
5) ①带来　②感动

☑ 内容確認 ➡p.41

1) ◯　2) ✕　3) ✕　4) ◯
5) ✕　6) ◯

(采访 05) 莫凌峰さん

◀)) ウォーミングアップ ➡p.52

1) ①行业　②开始
2) ①对于　②价格
3) ①苹果　②价值
4) ①电子支付　②现金
5) ①困扰　②回答

☑ 内容確認 ➡p.53

1) ◯　2) ✕　3) ✕　4) ◯
5) ◯　6) ✕

(采访 06) 張小文さん

◀)) ウォーミングアップ ➡p.64

1) ①每次　②总要
2) ①工资　②强度
3) ①客户　②比如说
4) ①需要　②客观
5) ①实习　②培养

☑ 内容確認 ➡p.65

1) ✕　2) ✕　3) ◯　4) ✕
5) ◯　6) ✕

採访 07 張本さん

ウォーミングアップ →p.76

1) ①应该　②留学
2) ①大概　②二十多年
3) ①能够　②成功
4) ①麻烦　②还是
5) ①生长　②不一定

内容確認 →p.77

1) ✕　2) ✕　3) ○
4) ✕　5) ○

採访 08 薛家明さん

ウォーミングアップ →p.88

1) ①出发　②地震
2) ①原因　②教育
3) ①门口　②进不去
4) ①相互　②其他
5) ①完全　②异乡

内容確認 →p.89

1) ○　2) ✕　3) ✕　4) ○
5) ○　6) ○

採访 09 程师德さん

ウォーミングアップ →p.102

1) ①原因　②重要
2) ①为什么　②社会
3) ①复杂　②说不清楚
4) ①理论　②因为
5) ①学好　②需要

内容確認 →p.103

1) ○　2) ○　3) ✕　4) ✕

採访 10 葉惠洪さん

ウォーミングアップ →p.112

1) ①英文　②进行
2) ①选择　②学校
3) ①一样　②地点
4) ①开始　②深夜
5) ①客户　②亲切

内容確認 →p.113

1) ○　2) ✕　3) ✕
4) ✕　5) ○

採访 11 侯宇辉さん

ウォーミングアップ →p.126

1) ①适应　②状态
2) ①真正　②在工作当中
3) ①互联网　②一家公司
4) ①发现　②生活方式
5) ①一千年　②管理模式

内容確認 →p.127

1) ○　2) ✕　3) ✕　4) ✕
5) ○　6) ✕

採访 12 王陽さん

ウォーミングアップ →p.140

1) ①没有想到　②待
2) ①比较小　②来旅游
3) ①最方便　②武器
4) ①如果　②肯定
5) ①交流　②讲日语

内容確認 →p.141

1) ○　2) ✕　3) ✕　4) ✕
5) ○　6) ✕　7) ○

編著者紹介

CCアカデミー：
2010年に設立された中国語・英語の語学塾。通訳訓練法を主体とした教授メソッドと個別指導が特長。中上級者を対象とした幅広い授業を行っている。

大羽りん（おおばりん）：
株式会社シー・コミュニケーションズ代表取締役。現在、拓殖大学、神奈川大学などで中国語および日中翻訳・通訳を指導。
慶應義塾大学文学部卒業。ニチメン株式会社（現双日）中国部・国際金融部勤務を経たのち、日中技術交流サービス、三井物産にて中国語翻訳・通訳に従事。2005年、CCアカデミーの運営会社である株式会社シー・コミュニケーションズを設立。
主要著書：『マンガで学ぶやさしい中国語入門』（学研教育出版）、『中検4級レベルから勝負する！ ビジネス中国語』（アルク）、『ビジネスで1番よく使う中国語Eメール＆SNS』（共著、Jリサーチ出版）

趙青（ちょうせい）：
フリーランスの翻訳・通訳者。南京大学日本語科卒業。中国・日本の双方で大手日系企業や工場の社長秘書および翻訳・通訳に従事。株式会社シー・コミュニケーションズ、秀林外国語専門学校にて中国語通訳・翻訳の指導経験を持つ。
著書：『ビジネスで1番よく使う中国語Eメール＆SNS』（共著、Jリサーチ出版）

なまろく
生録中国語
インタビューでリスニングに挑戦！

2022年7月20日印刷
2022年8月10日発行

編著者 © CCアカデミー
大 羽 り ん
趙 青

発行者 及 川 直 志
印刷所 株 式 会 社 三 秀 舎

101-0052 東京都千代田区神田小川町3の24
発行所 電話 03-3291-7811（営業部）, 7821（編集部） 株式会社白水社
www.hakusuisha.co.jp
乱丁・落丁本は、送料小社負担にてお取り替えいたします。

振替 00190-5-33228 Printed in Japan 加瀬製本

ISBN978-4-560-08945-3

中級中国語　読みとく文法

三宅登之 著

一通り学んだのに今ひとつ全体像がつかめない、という人にぴったりの読む文法書。わかりにくい文法現象を解説しながら、中国語の考え方を読みときます。一歩上を目指すあなたに！

A5判

中国語成語ハンドブック［新装版］

成語 1200 ＋近義・反義語 2000

沈 国威 、紅粉 芳惠、関西大学中国語教材研究会 編

調べるにも覚えるにも便利な、学習者のための成語ガイド。使用頻度にもとづき厳選した、中国人がよく使う約 1200 の成語＋近義・反義語 2000 あまりを収録。見出し語は調べやすいピンイン順。索引付き。

四六判